北大版对外汉语教材·视听说教程系列

中高级汉语视听说教程

ZHONGGUO CHENGSHI MINGPIAN

中国城市名片

商务篇

常庆丰 邹胜瑛 宋业瑾 编著

北京大学出版社
PEKING UNIVERSITY PRESS

图书在版编目（CIP）数据

中国城市名片（商务篇）：中高级汉语视听说教程/常庆丰，邹胜瑛，宋业瑾编著. —北京：北京大学出版社，2009.3

（北大版对外汉语教材·视听说教程系列）

ISBN 978-7-301-14968-3

Ⅰ. 中… Ⅱ. ①常… ②邹… ③宋… Ⅲ. 汉语–听说教学–对外汉语教学–教材 Ⅳ. H195.4

中国版本图书馆 CIP 数据核字（2009）第 023449 号

书　　　　名：	中国城市名片（商务篇）——中高级汉语视听说教程
著作责任者：	常庆丰　邹胜瑛　宋业瑾　编著
翻　　　译：	侯　磊（英文）　李仁泽（韩文）　刘春英（日文）
责 任 编 辑：	贾鸿杰
标 准 书 号：	ISBN 978-7-301-14968-3/H·2208
出 版 发 行：	北京大学出版社
地　　　址：	北京市海淀区成府路 205 号　100871
网　　　址：	http://www.pup.cn
电　　　话：	邮购部 62752015　发行部 62750672　编辑部 62753374　出版部 62754962
电 子 信 箱：	zpup@pup.pku.edu.cn
印　刷　者：	北京大学印刷厂
经　销　者：	新华书店
	787 毫米×1092 毫米　16 开本　13.25 印张　254 千字
	2009 年 3 月第 1 版　2011 年 11 月第 2 次印刷
定　　　价：	68.00 元（含 2 张 DVD）

未经许可，不得以任何方式复制或抄袭本书之部分或全部内容。

版权所有，侵权必究　　　　　　　　举报电话：010-62752024

电子信箱：fd@pup.pku.edu.cn

编写说明

《中国城市名片——中高级汉语视听说教程》是一套专门为外国人学习汉语而编写和制作的多媒体视听说教材。供已经完成现代汉语基础教育一年的来华留学生或已经掌握了3000个左右汉语常用词的外国学习者使用。

本套教材是以山东电视台(SDTV)拍摄的电视系列片《城市名片》为素材改编加工制作而成的。《城市名片》每集一座城市,通过实景拍摄和主持人采访的方式向观众介绍和展示这座城市的亮点和风采,内容涉及名胜古迹、风土人情、环境保护与开发、城市建设与发展、生活与休闲等多方面。

本套教材从电视片《城市名片》中精选了42集,改编成42课,按内容分为《旅游篇》、《民俗篇》、《商务篇》三册。其中《旅游篇》、《民俗篇》每册16课,《商务篇》10课。

本套教材的特色是:通过视听等多媒体教学手段,使学生置身于汉语交际的实际语境,在视、听、说的过程中习得汉语交际的能力,同时了解中国城市的风貌及各地生活习俗。

本套教材每课基本都分"热身"、"初步视听理解"、"听说训练"、"大家谈"、"录音文本"、"城市链接"六个部分。

"热身"包括生词、专名、词语例释、练习四项内容,要求学生课前预习完成,为课堂上的视听预先扫清词语上的障碍。上课时教师可以有重点地做一些练习,并检查学生的预习情况。

"初步视听理解"要求学生结合给出的视点提示,完整地看一遍全课的录像,并谈一谈都看到了什么。通过这个练习,让学生对本课内容有一个大概的了解,以培养学生快速抓住视听重点的能力。

"听说训练"是课堂教学的重点,根据录音文本,每课分成三到四个部分,逐段视听,逐段消化理解。要求先视听一遍,通过回答问题、判断正误、填空等多项练习,帮助学生看懂、听懂。在此基础上跟读录像中的部分段落,然后根据给出的提示词语复述部分段落,训练学生读和说的能力。

"大家谈"要求结合给出的话题进行课堂讨论,鼓励学生积极思维,踊跃发表意见,训练学生的成段表达能力。

"录音文本"是课堂教学的参考,也可供学生复习时使用。

"城市链接"是课堂教学内容的延伸,学生可以结合录像了解和掌握更多的有关这座城市的情况。这个部分在课堂教学中可以精简或忽略。

本套教材曾在山东师范大学国际交流学院试用,教学效果较好。但由于我们初次编写制作这种多媒体教材,缺乏经验,加上水平有限,教材中一定存在不少缺点和错误,希望使用者和同行专家提出宝贵意见。

在本套教材的编写制作过程中,山东师范大学国际交流学院对外汉语系的教师们以及山东电视台国际部郭占江主任和程云女士给予了许多帮助和支持,在此表示衷心感谢。

刘春英女士、李仁泽先生(韩国)、侯磊女士分别审阅了教材中的日、韩、英译文,在此深致谢意。

本套教材的出版得到了山东电视台、北京大学出版社和山东师范大学国际交流学院领导的大力支持,在此一并致以衷心的感谢!

编 者

目　录

第一课　景德镇印象 ································· 1

第二课　侨乡澄海——玩具之城 ······················ 21

第三课　无锡——成长中的"日资高地" ················ 39

第四课　呼和浩特——中国乳城 ······················ 59

第五课　中山——灯饰之都 ·························· 81

第六课　百年变迁天津港 ··························· 101

第七课　紫砂壶里的宜兴 ··························· 117

第八课　云南瑞丽——珠宝之城 ····················· 137

第九课　顺德制造 ································· 155

第十课　创新之谷——西安 ························· 175

词语总表 ··· 195

第一课
景德镇印象

第一课　景德镇印象

热身 RESHEN

一、生词

1. 丰厚	（形）	fēnghòu	rich and generous; thick 푸짐하다 多くて厚い；豊かである、手厚い
2. 磬	（名）	qìng	ancient percussion instrument made from jade or stone 고대 악기의 한 종류 [곱자 모양으로 생겼으며, 돌이나 옥(玉)으로 만들었음] 古代の打楽器の一種
3. 一度	（副）	yídù	once; for a time; on one occasion 한때 一時、いっぺん（過去の経験を表し、"曾"と連用することが多い）
4. 批示	（动）	pīshì	write instructions or comments 서면으로 지시를 내리다 （下級機関からの文書に対して書面で）指示を与える
5. 瞬间	（名）	shùnjiān	in a twinkling; split-second 순간 瞬間、またたく間
6. 龙颜	（名）	lóngyán	emperor's face 황제의 얼굴 竜顔、天子の顔、天顔
7. 年号	（名）	niánhào	title of an emperor's reign 연호

3

				年号、元号
8. 迈	(动)	mài		stride
				넘어가다
				足を踏み出す、またぐ
9. 寻访	(动)	xúnfǎng		look for
				방문하다
				訪ねる、訪問する
10. 采撷	(动)	cǎixié		gather; pick
				채집하다
				摘む;採集する
11. 精髓	(名)	jīngsuǐ		marrow; pith
				정수
				精髓、精華
12. 点点滴滴		diǎndiǎn dīdī		a little; a bit
				약간
				わずか、ほんのちょっぴり
13. 起眼儿	(形)	qǐyǎnr		attracting attention
				사람의 눈을 끌다
				見てくれがよい、目立つ(否定文に用いることが多い)
14. 窑变	(动)	yáobiàn		furnace transmutation
				요변(도자기를 구울 때, 통풍이나 불길 등의 영향으로 도자기가 변색하거나 모양이 일그러지는 일)
				(陶器などを焼く)竈で起こった発色の変化
15. 幻化	(动)	huànhuà		miraculously transformed into; change and disappear
				(사람이) 죽다 ; (기이하게) 변하다. 변화하다
				まぼろし、変化する

16. 比肩	(动)	bǐjiān	shoulder to shoulder	
			비견되다	
			肩を並べる、いっしょに	
17. 釉	(名)	yòu	ceramic glaze	
			유약	
			(陶磁器の)うわぐすり	
18. 竞相	(副)	jìngxiāng	competitively; eagerly	
			서로 경쟁하다	
			我先に、競って	
19. 追逐	(动)	zhuīzhú	chase; pursue; seek	
			구하다	
			追いかける；追求する、求める	
20. 浸染	(动)	jìnrǎn	dip-dye	
			점차 물들다	
			しだいに染まる	
21. 浸润	(动)	jìnrùn	soak; dip	
			침윤하다	
			(液体が)徐々に染み込む	
22. 油然	(形)	yóurán	spontaneously; involuntarily	
			자연히	
			感情が自然にわき起こるさま	
23. 朝圣	(动)	cháoshèng	pilgrimage	
			성지를 순례하다	
			<宗>聖地を巡礼する	
24. 精湛	(形)	jīngzhàn	masterly; superb; exquisite	
			정밀하고 심오하다	
			詳しくて深い、巧みで完璧である	
25. 萌生	(动)	méngshēng	come into being; give rise to	
			싹트다	
			起こり始める、芽生える(抽象的な物事についていうことが多い)	

26. 迹象	（名）	jìxiàng	sign; indication
			징조
			兆し、形跡

27. 诗意	（名）	shīyì	poetry
			시적인 분위기
			詩趣、詩の境地、詩の味わい

28. 小有名气		xiǎo yǒu míngqì	famous in a certain range
			유명하다
			すこし名声が高い

29. 有朝一日		yǒu zhāo yí rì	some day; one day (in the future)
			언젠가는
			いつの日か、いつかは

30. 电气化	（动）	diànqìhuà	electrify
			전기화
			電化する

31. 悦耳	（形）	yuè'ěr	be pleasing to the ear, sweet-sounding
			듣기 좋다
			聞いて楽しい、耳に心地よい

32. 悠长	（形）	yōucháng	be remote; long-drawn-out in time or space; long
			오래도록
			(時間的に)長い、久しい

33. 缠绵	（形）	chánmián	lingering; touching
			(노래 등이) 구성져 사람을 감동시키다
			感情がこまやかで人を引きつける

34. 唱针	（名）	chàngzhēn	stylus; needle
			전축바늘
			レコードの針

35. 乐章	（名）	yuèzhāng	movement
			악장
			楽章

36. 生生不息	shēngshēng bù xī	endless
		생생세세 그치지 않다
		いつまでも向上しようとする
37. 孜孜 （形）	zīzī	diligent; hardworking
		부지런하다
		孜々として、せっせと

二、专名

1. 周恩来	Zhōu Ēnlái	Zhou Enlai
		주은래
		周恩来。中華人民共和国国務院元総理（在任 1949–1976）
2. 北宋	Běi Sòng	Northern Song Dynasty (960–1127)
		북송
		北宋。960–1127 年、趙匡胤の即位から欽宗が俘虜となるまで。汴京(現在の河南省開封)に建都
3. 宋真宗	Sòng Zhēnzōng	Emperor Zhenzong of Northern Song Dynasty
		송진종(북송의 황제)
		宋真宗。北宋の皇帝(在位 998~1022 年)
4. 徐庆庚	Xú Qìnggēng	name of a person
		서경경(인명)
		<人名>徐慶庚
5. 徐兰	Xú Lán	name of a person
		서란(인명)
		<人名>徐蘭
6. 孙立新	Sūn Lìxīn	name of a person
		손립신(인명)
		<人名>孫立新

三、词语例释

1. 景德镇曾经有 10 个月的时间一度改名为景德市

（1）副词。表示过去发生过。

① 他喜欢生活中的新事物，一度迷恋开汽车。

② 由于父亲对他管教极为严厉，他一度产生了严重的逆反心理。

（2）数量词。一次或一阵，经常和"一年"连用。

① 一年一度的登山节就要开幕了。

② 一年一度的高考是高三学生家长最为关注的事情。

2. 希望能采撷到有关陶瓷精髓的点点滴滴

形容零星微小；零星的事物。

（1）每个人都有自己的童年，那些点点滴滴的往事都使我们不禁回首。

（2）熟悉的声音，熟悉的背影，所有的一切都凝聚着过去的点点滴滴。

3. 今年 62 岁的徐庆庚是景德镇为数不多的中国工艺美术大师之一

从数量多少上看。

（1）他在年底得到了一笔为数可观的奖金。

（2）这本书里的印刷错误为数不少。

4. 现在已经小有名气的小孙梦想着有朝一日在陶瓷手艺上，能够达到像徐庆庚大师那样的水平

表示有一定程度的、较高的。

（1）经过几年的努力，她已经成了一个小有名气的歌手了。

（2）他这一年在股市上小有收获。

5. 我们分明找到了景德镇的精髓所在

（1）副词。显然；明明。

① 他的话中分明带着愤怒。

② 他的行为分明是在帮你的忙!

(2) 形容词。清楚。

① 我就是这样爱憎分明:喜欢就是喜欢,不喜欢的就算再好也还是不喜欢。
② 科学与迷信,界线是分明的。

四、练习

(一) 选择适当词语填空:

1. 上次恋爱失败后,他_____非常消沉,甚至曾经发誓不再恋爱。(一度,一时)

2. 这部小说在 20 世纪 80 年代曾红极_____。(一度,一时)

3. 会上,领导发表讲话,对救灾工作做了具体_____。(批示,指示)

4. 对这方面材料,他非常重视,经常亲自审阅并及时_____,肯定好的经验,指出不足之处。(批示,指示)

5. 改日我一定去你那儿登门_____。(寻访,拜访)

6. 经过两年的_____,她终于找到了失散多年的哥哥。(寻访,拜访)

7. 月球上没有发现任何生命存在的_____。(迹象,现象)

8. 世界各国男女同工不同酬的_____相当严重,妇女的社会地位明显地低于男性。(迹象,现象)

9. 很_____,她的解释是不正确的。(显然,分明)

10. 站在这里看,黄海和渤海的界线很_____。(显然,分明)

(二) 用指定词语完成句子:

1. 他正在努力复习功课,准备_____。(一度)

2. 现在的房地产市场进入了观望期,_____。(为数)

3. 他_____,却是我们球队中技术最棒的球员。(起眼儿)

4. 会上,_____,各自阐述了自己的观点。(竞相)

5. 他努力学习,希望_____。(有朝一日)

中国城市名片 ◆商务篇◆

初步视听理解
CHUBU SHITING LIJIE

一、视点提示：

瓷器—瓷都—景德镇

徐庆庚—工艺美术大师—陶瓷学院

景德镇瓷器一条街—孙立新—薄胎皮灯

瓷乐—声如磬

二、完整地看一遍录像，说一说你看到了什么。

第一课 景德镇印象

听说训练 TING SHUO XUNLIAN

第一部分

一、先视听一遍，然后回答问题：

1. 为什么说景德镇是中国的瓷都？

2. 景德镇的瓷器有哪四大特点？

3. 请说一说"景德镇"这三个字的来历。

二、根据录像内容判断正误：

1. 这个高三米二的花瓶是景德镇最高的花瓶。（　　）

2. 自宋代以来，景德镇市一直是沿用"景德镇"这三个字。（　　）

3. "景德镇"这个名字已有上千年的历史了。（　　）

三、再视听一遍，边听边填空：

1. "景德镇"这三个字自宋代以来就是中国瓷器文明的一个_____、一个_____、一个_____。

2. 当时这位景德皇帝_____没曾想到，"景德镇"这样一个曾经_____着瓷器走向全世界的名字，会让这位皇帝的年号经历了如此长久的_____和_____。

四、看录像，跟读录音文本中画线的部分：

从"当时这位景德皇帝也许没曾想到"至"会让这位皇帝的年号经历了如此长久的灿烂和辉煌"。

五、用所给的提示词语复述录音文本中画线的部分：

景德皇帝　　也许　　景德镇　　瓷器　　年号　　长久

第二部分

一、先视听一遍，然后回答问题：

1. 什么叫"窑变"？

2. 绘画和"窑变"有哪些不同？

3. 陶瓷专业是一种普通专业吗？

二、根据录像内容判断正误：

1. "窑变"需要上千度的温度。　　　　　　　　　　　　　　（　　）

2. 在景德镇有很多像徐庆庚这样的工艺美术大师。　　　　　（　　）

3. 景德镇陶瓷学院是世界上唯一的一所陶瓷学院。　　　　　（　　）

三、再视听一遍，边听边填空：

1. 这看似_____的毛笔画，不知会在一千多度的窑变中_____出怎样的_____来。

2. 世界上的陶瓷_____将来到这里学习称为"_____"。

3. 陶瓷专业是一个_____而又_____的专业。

四、看录像，跟读录音文本中画线的部分：

从"这是一所中国唯一"至"世界上的陶瓷研究者将来到这里学习称为'朝圣'"。

五、用所给的提示词语复述录音文本中画线的部分：

唯一　　其二　　陶瓷学院　　世界　　研究者　　学习　　朝圣

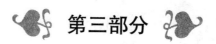

第三部分

一、先视听一遍，然后回答问题：

1. "景德镇瓷器一条街"为什么能吸引外地游客？

2. 孙立新研制的皮灯有什么样的特点？

3. 现在的窑炉和过去的窑炉有哪些不一样的地方？

二、根据录像内容判断正误：

1. 在景德镇有许多家庭全家人都从事着陶瓷事业。　　　　　　（　　）

2. 在景德镇知道孙立新的人不多。　　　　　　　　　　　　　（　　）

3. 每一件窑变作品都能达到预计的设计效果。　　　　　　　　（　　）

三、再视听一遍，边听边填空：

1. ＿＿＿＿的"景德镇瓷器一条街"＿＿＿＿了景德镇民用陶瓷几乎全部的＿＿＿＿＿＿。

2. 江南的雨下起来就没有要停的＿＿＿＿，不过这雨也给工作带来一些＿＿＿＿和创作的＿＿＿＿。

3. 随着＿＿＿＿的发展，如今的窑炉都改成了可以＿＿＿＿时间和多方＿＿＿＿的电气化炉。

四、看录像，跟读录音文本中画线的部分：

从"作为瓷都的景德镇自然也是陶瓷贸易的重要集散地"至"吸引了所有来到景德镇的游客"。

五、用所给的提示词语复述录音文本中画线的部分：

瓷都　　陶瓷贸易　　集散地　　集中　　民用陶瓷　　精华　　吸引　　游客

第四部分

一、先视听一遍，然后回答问题：

1. 为什么说"瓷乐"是世界上独一无二的音乐形式？
2. 陶瓷乐器演奏时的声音有什么样的特点？

二、根据录像内容判断正误：

1. 瓷乐的特点是清新悦耳、美妙动听。（   ）
2. 景德镇有瓷乐，别的城市也有瓷乐。（   ）

三、再视听一遍，边听边填空：

1. 这些全新的_____都是用_____烧制而成，他们要演奏一种世界上_____的音乐形式——瓷乐。

2. 瓷乐那_____的声音，仿佛又把我们带到了景德镇千年_____着的陶瓷历史长河中。

四、看录像，跟读录音文本中画线的部分：

从"在我们的寻访就要结束的时候"至"他们要演奏一种世界上独一无二的音乐形式——瓷乐"。

五、用所给的提示词语复述录音文本中画线的部分：

寻访   结束   邀请   特别   乐器   烧制   演奏   独一无二

第一课 景德镇印象

大家谈 DAJIA TAN

一、说一说你对"China-china(中国－瓷器)"的理解。

二、景德镇是一座城市,为什么还沿用"镇"这个名称?

三、谈一谈瓷器与艺术之间的关系。

四、你对陶瓷有哪些了解?介绍一下制作陶瓷的方法和工艺。

五、你去过景德镇吗?介绍一下你了解到的景德镇的情况。

六、除景德镇外,中国还有山东淄博、广东佛山等陶瓷名城,谈一谈它们的情况。

录音文本 LUYIN WENBEN

第一部分

主 持 人: 观众朋友,您好!我是山东电视台景德镇主持人彭莎。在我身旁的这个花瓶啊,它有三米二高,够壮观吧,可是在景德镇,它却不算是最高的,还有比它高出两米多的呢!瓷器是中国古代文明的象征,而景德镇就是这个瓷器之国的代表。被人们称为瓷都的景德镇不仅制瓷历史悠久,更重要的是,造出的瓷器驰名中外、享誉九州①。

受 访 者: 陶瓷对景德镇来讲,它是一笔丰厚的、世界独一无二的文化遗产。

受 访 者: 学陶瓷,这就是最好的地方了,在中国(乃至)世界上都很有名。

受 访 者: 景德镇的瓷器有四大特点:白如玉,薄如纸,明如镜,声如磬。我们的瓷乐就是"声如磬"的集中代表。

字　　幕: China——中国
　　　　　china——瓷器

中国瓷都——景德镇

主 持 人： 新中国建国后，景德镇曾经有10个月的时间一度改名为景德市。当时周恩来总理知道这件事情后，亲自批示又改回到了景德镇市。因为"景德镇"这三个字自宋代以来就是中国瓷器文明的一个代表、一个象征、一个符号。

画 外 音： 一千年前的某一天，北宋的景德（年间的）皇帝宋真宗在吃茶的那一瞬间感到了那茶碗正合他的心意，一时龙颜大悦，于是在那个早晨，便有了景德镇这个名字。<u>当时这位景德皇帝也许没曾想到，"景德镇"这样一个曾经伴随着瓷器走向全世界的名字，会让这位皇帝的年号经历了如此长久的灿烂和辉煌。</u>

第二部分

画 外 音： 当时光迈入公元2003年的时候，景德镇已经在不知不觉间走过了一千年的光荣与辉煌。我们怀着好奇和景仰的心情走进了景德镇，走进了这个号称"瓷都"的地方，开始了短暂的寻访，希望能采撷到有关陶瓷精髓的点点滴滴。

画 外 音： 同往常一样，今天一大早徐庆庚和徐兰父女俩来到他们在江西省陶瓷研究所的工作室，开始了他们一天紧张的工作。这看似不起眼儿的毛笔画，不知会在一千多度（℃）的窑变中幻化出怎样的奇妙来。一千年来，景德镇的能工巧匠们就是这样靠着世代传承，创造了与中国四大文明②（发明）比肩而立的陶瓷文明。

画 外 音： 今年62岁的徐庆庚是景德镇为数不多的中国工艺美术大师之一，他的粉彩青花和色釉装饰作品是许多国家博物馆和收藏家们竞相追逐的目标。在这些浸染着景德镇的土与火，浸润着景德镇人生命的作品面前，我们不禁会油然生出"此物只应天上有"的感叹。

受 访 者： 绘画是用墨，用颜料画出来的，画得怎么样就怎么样。而陶瓷是不同的，你画的颜色看上去是灰色的，烧出来是红的，有些颜色会变成另外一种颜色，这叫窑变。

画 外 音： <u>这是一所中国唯一、世界只有其二的陶瓷学院。世界上的陶瓷研究者将</u>

第一课 景德镇印象

来到这里学习称为"朝圣"。

受 访 者： 首先是因为喜欢陶瓷，所以就来了这里。之所以选择景德镇，是因为景德镇(有)一千多年做陶瓷的历史。在越南我就已经听说过景德镇。

画 外 音： 陶瓷专业是一个时尚而又高雅的专业。

受 访 者： 我觉得学这个专业很有荣誉感。

主 持 人： 为什么呢？

受 访 者： 因为它是一个比较特殊的专业，而且景德镇的陶瓷在全国都比较有名。

第三部分

画 外 音： 作为瓷都的景德镇自然也是陶瓷贸易的重要集散地。闻名遐迩的"景德镇瓷器一条街"集中了景德镇民用陶瓷几乎全部的精华。那美轮美奂的手工工艺品吸引了所有来到景德镇的游客。

受 访 者： 我只知道它的历史比较悠久，而且工艺是比较精湛的，价格也还可以。

受 访 者： 全国各地的游客路过这边，一般都会到我们这个地方来。

受 访 者： 景德镇的瓷器是很有名的了，我们带点回去做个纪念吧。

画 外 音： 在市场的一角，我们被一家店铺的精美作品深深吸引住了。听说这家店铺的主人是一位叫孙立新的年轻人，而且还珍藏了一件自己亲手制作的精美作品，我们便萌生了要见一见这位年轻艺术家的想法。

受 访 者： 这是我们花费了一年多时间研制的超大的薄胎皮灯。这是景德镇目前最薄、最大的釉下五彩皮灯。像这种高温窑彩的皮灯，历史上做这么大还是首次。你看一下这个灯有多薄，看一下我的手，最厚的地方，这是肩部是最厚的地方，同样也能看到我的手，最薄的地方在这儿，最薄可能就几毫米，这个我也没量过。

画 外 音： 孙立新的父母和哥哥、妹妹都从事着陶瓷事业，他的父亲甚至还发明了一种新的陶瓷形式——含章釉。在景德镇有许多家庭是像孙立新这样的一家老少都从事着陶瓷事业。

画 外 音：江南的雨下起来就没有要停的迹象，不过这雨也给工作带来一些诗意和创作的灵感。孙立新干脆把他的工作搬到了房顶平台上。现在已经小有名气的小孙梦想着有朝一日在陶瓷手艺上，能够达到像徐庆庚大师那样的水平。

画 外 音：在同一时间，徐庆庚正在焦急地等待着自己作品的出炉。随着科技的发展，如今的窑炉都改成了可以缩短时间和多方控制的电气化炉。

受 访 者：效果还不错，红也出得很好。

受 访 者：烧得特别好。

画 外 音：因为窑变的缘故，并不是每一件作品都能达到当初的设计效果。但今天徐大师的这件作品效果却出奇地好。

第四部分

画 外 音：在我们的寻访就要结束的时候，一群景德镇的艺术家们邀请我们看一场特别的演出。这些全新的乐器都是用陶瓷烧制而成，他们要演奏一种世界上独一无二的音乐形式——瓷乐。

受 访 者：这一套乐器研制出来以后，它最大的一个特色，它的特点就是它演奏起来清新悦耳、美妙动听，可以说是我们景德镇瓷器"声如磬"的集中体现，被誉为"中国一绝，世界首创"。

画 外 音：瓷乐那悠长缠绵的声音，仿佛又把我们带到了景德镇千年流淌着的陶瓷历史长河中。这条历史长河就像一个巨大的唱片，当思绪的唱针划过的时候，它所奏出的是一曲陶瓷辉煌的乐章。在这一乐章中，我们分明找到了景德镇的精髓所在——那生生不息的创新追求，那孜孜求精的可贵品质。

注　释：

① 九州：古代分中国为九州。《尚书·禹贡》记载，当时的中国有冀州、兖州、青州、徐州、扬州、荆州、豫州、梁州、雍州等。后以"九州"泛指天下，全中国。

② 中国四大文明：这里是指中国古代的"四大发明"，即指南针、造纸术、火药和活字印刷术。

第一课　景德镇印象

城市链接 CHENGSHI LIANJIE

景德镇·古迹　景德镇是中国独有的以陶瓷文化为特色的旅游城市。1982年,景德镇被国务院列入全国首批24个历史文化名城。1997年,被国家旅游局定为全国35个王牌景点之一。珍贵的陶瓷古迹,精湛的制瓷技艺,独特的瓷业习俗,秀丽的田园风光,会给每一位旅游者留下一番深深的回味。面对这些完美的瓷器,我们在怦然心动中领略了景德镇瓷器称雄天下的演变。

景德镇·新兴工业　景德镇的历史如此悠久,而手工业又如此单一,这在世界城市发展史中是绝无仅有的。今天,景德镇陶瓷在不断加快和扩大陶瓷工业化来改变自己的形象。景德镇在发展新产业的同时,也在现代化的进程中努力寻找更合适也更可靠的经济发展道路。此时的景德镇已经站在了又一个千年辉煌的新起点上。不仅如此,这里的微型汽车、华意冰箱、直升机一直也都是享誉全国的拳头产品。

生　词

1. 王牌　（名）　wángpái　trump card; strongest person; most effective means
   가장 유력한 (카드)
   切り札、最後の有力な人または手段

2. 怦然心动　　pēngrán xīn dòng　(of one's heart) miss a beat
   마음이 두근두근 뛰다
   [擬声語]運動や精神的な衝撃のために心臓が激しく鳴る音、どきどき

第二课
侨乡澄海——玩具之城

第二课 侨乡澄海——玩具之城

一、生词

| 1. 拼搏 | （动） | pīnbó | struggle hard
맞붙어 싸우다
力いっぱい戦って勝利栄誉などを勝ち取る |

| 2. 迫使 | （动） | pòshǐ | make sb. do sth. with pressure; force
강제하다
強制する |

| 3. 故土 | （名） | gùtǔ | native land
고향
ふるさと、故郷 |

| 4. 庄园 | （名） | zhuāngyuán | finca; manor
장원
荘園、領地 |

| 5. 合璧 | （动） | hébì | (of two different things) combine harmoniously; match well
결합
二つのものをいっしょに並べること |

| 6. 祖宗 | （名） | zǔzong | forefathers (of a family and also of a nationality)
조상
（一族の）祖先 |

| 7. 赤子 | （名） | chìzǐ | a newborn baby; person who cherishes deep feeling for his hometown
고향 (또는 모국에) 진정한 마음을 품고 있는 사람. 동포 |

あかご(比喩)国に真心を込めること)

| 8. 重洋 | （名） | chóngyáng | boundless seas and oceans |

큰 바다

遠い海

| 9. 侨胞 | （名） | qiáobāo | countrymen residing abroad |

교포

外国に居留する同胞、特に華僑をさす

| 10. 抽纱 | （动、名） | chōushā | drawn work |

수놓기의 일종

(刺繍法の一つ)抜きかがり細工

| 11. 真丝 | （名） | zhēnsī | pure silk |

순견

純絹、絹糸、生糸

| 12. 依托 | （动） | yītuō | rely on |

의지하다

頼る、依拠する

| 13. 器材 | （名） | qìcái | equipment |

기자재

器具と材料、器材

| 14. 评审 | （动） | píngshěn | examine and comment on |

심사하다

評議して審査する、審議する

| 15. 探亲 | | tàn qīn | go home to see family |

친척을 방문하다

両親や配偶者に会いに行く；親戚回りをする

| 16. 借鉴 | （动） | jièjiàn | use for reference |

참고로 하다

参考にする、手本とする

| 17. 渠道 | （名） | qúdào | channel; way |

경로

第二课　侨乡澄海——玩具之城

灌漑用の溝;経路、チャンネル

18. 扬眉吐气　　　yáng méi tǔ qì　　stand up; hold one's head high
기를 펴다
(抑圧された気持ちが解放されて)心が晴れ晴れして意気揚々たるさま

19. 昭示　（动）　zhāoshì　　declare publicly; make clear to all
선포하다, 공표하다
公示する、明らかに示す

20. 拓展　（动）　tuòzhǎn　　expand
개척하다
広く開拓する、広く切り開く

21. 高度　（形）　gāodù　　with the highest degree
고도
高さ;高度の、(程度の)高い

22. 规范化　（动）　guīfànhuà　　standardize; normalize
규범화
規範化、標準化

23. 研发　（动）　yánfā　　research and develop
연구 제작하여 개발하다
研究開発

24. 规模化　（动）　guīmóhuà　　do at a large scale
규모화
規模化

25. 创汇　（动）　chuànghuì　　earn net foreign exchange profit through exports
외화를 벌다
外貨の獲得、製品輸出の純益が原材料の購入に要した外貨支出を上回ること

26. 憨态可掬　　　hāntài kě jū　　charmingly naive
천진난만하며 어리석은 태도 또는 표정이 사람을 넘칠 듯하게 웃음을 띠다
無邪気さが実にかわいらしい

二、专名

1. 汕头	Shàntóu	name of a place 산두(광동에 있는 도시) 汕頭（スワトウ）。広東省東部の地級市（地区クラスの市）
2. 潮汕	Cháoshàn	name of a place 조산(지명) 潮汕。広東省の汕頭市を中心とする地域
3. 樟林	Zhānglín	name of a place 장림(지명) 樟林。港の名前
4. 陈慈黉	Chén Cíhóng	name of a person 진자횡(인명) (人名)陳慈黉
5. 芭比娃娃	Bābǐ wáwa	Barbie 바비 인형 (Barbie)バービー人形
6. 米奇妙	Mǐqímiào	Mickey Mouse 미키마우스 (Mickey)ミッキー
7. 巴布豆	Bābùdòu	LITTLEBOBDOG LITTLEBOBDOG (Littlebobdog)リトルボブドッグ

三、词语例释

1. 玩具工艺业是最具特色、最具活力的支柱产业

比喻重要的、核心的力量。

（1）丈夫的安慰是她唯一的精神支柱。

(2) 上海在"十五"期间力争将电子信息、汽车、电站、石化、精品钢和生物医药等打造成新六大支柱工业。

2. 澄海的发展离不开它的<u>区位</u>优势和当地人顽强拼搏的精神

地区位置。

(1) 深圳和香港的科技合作有得天独厚的区位优势。

(2) 澳门回归后,珠海与澳门两地的区位互补优势凸显,引发了新一轮的旅游热、投资热、消费热。

3. 澄海的华侨代表陈慈黉是<u>旅泰</u>华侨实业家、金融家

"旅泰"意思是旅居泰国,也可以说旅美(美国)、旅日(日本)、旅欧(欧洲)等。

(1) 旅美华人有相当一部分来自香港,虽然身在异乡,但他们始终关注着香港的发展。

(2) 现在看来,困惑旅欧华人的不是亲情,也不是文化氛围,可能是一种莫名其妙的失落感。

4. 在这座无论从建筑外观到内部装饰都呈现<u>中西合璧</u>特点的宏大建筑中

指把不同的东西放在一起配合得很完美。

(1) 她是在中西合璧的家庭里长大的孩子。

(2) 中西医合璧治疗肿瘤取得了令人满意的疗效。

5. <u>玩具搭台,经济唱戏</u>

意思是利用玩具来促进和发展经济。

(1) 经济性节庆活动是"文化搭台,经济唱戏"。

(2) 体育搭台,经贸唱戏。借助农运会,第五届全国农民运动会农业博览会于本月19日至21日在南昌市青山湖文化广场举行。

四、练习

（一）选择适当词语填空：

1. 一些家长或者老师对孩子的心声缺乏耐心的倾听，对一些事情的处理也显简单甚至粗暴，_____本身具有自我封闭倾向的孩子感到更加孤独。（迫使，致使）

2. 事实上，高油价已经_____政府、消费者开始重视选择替代能源，寻求降低运营成本的有效途径。（迫使，致使）

3. 经过近两年的顽强_____，他终于取得了举世瞩目的科研成果。（拼搏，搏斗）

4. 一时间，眼露凶光的持刀歹徒与民警对峙着，一场_____看来不可避免。（拼搏，搏斗）

5. 鉴于以上的情况，一些近现代学者就认为中国人淡于宗教，不以宗教作为精神_____。（依托，依靠）

6. 加强社会治安综合治理，必须发动和_____广大人民群众。（依托，依靠）

7. 与第一次会议相比，本次会议规模有所扩大，而且研讨会的内容也有所_____和深议。（拓展，开拓）

8. 我们要总结过去，_____未来。（拓展，开拓）

9. 这次会议后，我们将进一步调查_____，做更细的工作。（研发，研究）

10. 在目前竞争激烈的汽车市场，降低成本和增强_____能力成为汽车公司面临的最迫切的压力。（研发，研究）

（二）用指定词语完成句子：

1. 连续几次失败，_____。（迫使）
2. 在经济发展上，我们_____。（借鉴）
3. 我们_____，发展对外友好合作。（渠道）
4. 她_____，我要去机场接她。（探亲）
5. 年轻一代要有_____。（高度）

第二课 侨乡澄海——玩具之城

初步视听理解
CHUBU SHITING LIJIE

一、视点提示：

澄海—侨乡—陈慈黉—抽纱工艺—精细

中国玩具礼品城—塑料玩具—高科技玩具

玩具博览会—规模化生产—特色经济

二、完整地看一遍录像，说一说你看到了什么。

听说训练 TING SHUO XUNLIAN

第一部分

一、视听一遍，然后回答问题：

1. 为什么说澄海是广东省著名的侨乡？

2. 陈慈黉故居的建筑结构具有什么样的风格？

3. 澄海的侨胞为澄海做出了哪些贡献？

二、根据录像内容判断正误：

1. 澄海的居民绝大多数都是华侨。　　　　　　　　　　（　　）

2. 祖宗观念在华侨的心目中占有举足轻重的地位。　　（　　）

3. 抽纱一直是澄海的主要产业。　　　　　　　　　　（　　）

4. 做事精细是澄海人的特点。　　　　　　　　　　　（　　）

三、再视听一遍，边听边填空：

1. 在澄海这座　　　　　的侨乡里，　　　　工艺业是最具特色、最具活力的　　　　产业。

2. 澄海的　　　　离不开它的区位　　　　和当地人顽强　　　　的精神。

3. 潮汕文化的　　　　就是潮汕人做事　　　　，澄海人当然也　　　　。

四、看录像，跟读录音文本中画线的部分：

从"在澄海这座著名的侨乡里"至"当地人顽强拼搏的精神"。

五、用所给的提示词语复述录音文本中画线的部分：

侨乡　玩具　特色　活力　支柱　产业　离不开　优势　拼搏

第二课 侨乡澄海——玩具之城

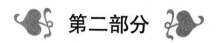

第二部分

一、先视听一遍，然后回答问题：

1. 在二十世纪六七十年代，澄海的玩具厂家是靠什么起家的？
2. 是什么原因使澄海的玩具从开始的加工转为后来的对外贸易？
3. 加速玩具产业的发展，澄海在地理条件上有哪些优势？

二、根据录像内容判断正误：

1. 在澄海，大大小小的玩具厂家有八百多家。　　　　　　　　　　(　　)
2. 澄海的第一部电动玩具是香港客商独资生产的。　　　　　　　　(　　)
3. 澄海生产的高科技玩具产品的种类越来越多。　　　　　　　　　(　　)
4. 中国的品牌玩具在世界的很多地方都能买到。　　　　　　　　　(　　)

三、再视听一遍，边听边填空：

1. 利用侨乡的_____，他们从1985年起跟香港_____合资，搞澄海玩具事业，开始生产澄海第一部_____玩具。

2. 澄海玩具_____发展起来，从_____到有，从_____到高档，从_____到复杂，逐步逐步地积累。

3. 地理条件上的_____更加速了玩具产业的发展。在澄海，如今开始_____许多高科技玩具产品。

四、看录像，跟读录音文本中画线的部分：

从"利用侨乡的优势"至"逐步开发自己的产品"。

五、用所给的提示词语复述录音文本中画线的部分：

利用　　优势　　1985年　　客商　　电动玩具　　基础　　懂得　　逐步

第三部分

一、先视听一遍，然后回答问题：

1. 每年在澄海召开的玩具博览会给海内外的玩具经销商们带来哪些益处？

2. 怎样理解"玩具搭台，经济唱戏"？

3. 玩具产业的快速发展使澄海这座城市发生了什么样的变化？

二、根据录像内容判断正误：

1. 玩具博览会在澄海已经举办很多届了。　　　　　　　　　　（　　）

2. 现在澄海只生产电动玩具。　　　　　　　　　　　　　　　（　　）

3. 很多人是参加了玩具博览会后才知道和了解澄海这座城市的。（　　）

三、再视听一遍，边听边填空：

1. 澄海的玩具_____为玩具经销商们提供了一个_____，促进并且加强了海内外_____的交流与合作。

2. 澄海因为有了玩具产业更加_____，澄海人民因为玩具生产更加_____。

四、看录像，跟读录音文本中画线的部分：

从"通过玩具博览会的召开"至"澄海人民因为玩具生产更加富足"。

五、用所给的提示词语复述录音文本中画线的部分：

通过　　召开　　越……越……　　知道　　了解　　因为　　生动

富足

一、说一说澄海的地理位置及其经济发展的优势。
二、介绍一下澄海的玩具产业是怎么发展起来的。
三、玩具都有哪些种类？你最喜欢的玩具是什么？
四、中国有哪些著名的侨乡？你去过侨乡吗？介绍一下那里的情况。
五、你有没有华侨朋友？谈一谈他们的情况。

第一部分

主 持 人： 观众朋友，澄海在2003年4月1号跟随汕头行政区域进行调整，撤市划区，如今它是汕头的一个区。生活在澄海区的人口现有70.15万人，其中70万是华侨亲属，澄海不愧是广东省著名的侨乡。

画 外 音： <u>在澄海这座著名的侨乡里，玩具工艺业是最具特色、最具活力的支柱产业</u>。同时，澄海也是全国著名的玩具工艺品生产基地之一。<u>澄海的发展离不开它的区位优势和当地人顽强拼搏的精神</u>。

主 持 人： 一百多年前，澄海是潮汕地区沟通海外的重要口岸。在那个年代，连年的灾荒和战乱，一次次地迫使潮汕人乘坐着红头船①从当时的樟林古港出海谋生。如今，红头船已成了澄海人开拓创新精神的标志。

画 外 音： 历史把澄海带进了一个世纪的重要发展时期。如今，澄海千千万万个华侨回到家乡，建设自己深爱的这片故土。

画 外 音： 澄海的华侨代表陈慈黉是旅泰华侨实业家、金融家。位于隆都的陈慈黉

宅地是他的家族建筑,占地两万五千四百平方米,面积一万六千多平方米。据专家考证,陈慈黉故居是迄今全国最大规模的近现代典型建筑群体,比四川刘文彩的庄园还大。

画 外 音: 在这座无论从建筑外观到内部装饰都呈现中西合璧特点的宏大建筑中,它的建筑结构的基本构成还是典型的潮汕农村建筑。从这儿可以看出祖宗观念在华侨心中的地位。

主 持 人: 透过陈慈黉的故居,我们能感受到像他这样的海外华侨的一颗赤子之心。虽然他远渡重洋到海外创业,但却始终不忘祖宗、不忘家乡。

画 外 音: 澄海侨胞像陈慈黉一样将潮汕人的勤劳、质朴带到世界各地,也将各国的先进技术带回到澄海。

画 外 音: 潮汕文化的精髓就是潮汕人做事精细,澄海人当然也不例外。抽纱是澄海的特产。过去,抽纱曾是这里的主要产业。这种工艺就是从一块普通的布或真丝料上,按照自己的喜好抽出部分线绳,制作出各种花样。由于做工要求太高,如今抽纱工艺很少见了。

主 持 人: 从这样一块抽纱工艺的方巾上足可以看出澄海人做工的精细。做事精细是澄海人乃至潮汕人的特点。如今,澄海人依托侨乡的优势加上精细的作风又开拓出了一项新的产业,那就是玩具加工业。

第二部分

主 持 人: 在澄海有大大小小的玩具厂两千八百多家。2003年4月澄海被国家轻工业联合会确认为"中国玩具礼品城"。我身后的这家玩具厂是在澄海创办最早的一家,通过它我们可以了解到这个侨乡的玩具业是如何发展起来的。来,跟我一起进去瞧一瞧。

画 外 音: 玩具工艺能在澄海这个地方发展起来,一定有它所具备的独特的基础条件。

受 访 者: 我们澄海从事塑料工业是在20世纪60年代末到70年代初,在塑料这方面有些工业基础。当时搞一些农用塑料器材,还有塑料小制品,例如

第二课 侨乡澄海——玩具之城

小的玩具、小手表、钥匙扣和手枪(玩具)等等一些小的塑料(制品)。

画 外 音： 后来开始来料加工做一些圣诞礼品。当初澄海的玩具厂家自己没有设备，没有生产能力，只能进行加工，层次比较低。之后，考虑到自己企业的发展，考虑到能够保证员工能有一个稳定的工作环境，从国外进口了一些设备，自己生产圣诞礼品的配件，从加工转为对外贸易。

画 外 音： <u>利用侨乡的优势，他们从85年起跟香港客商合资，搞澄海玩具事业，开始生产澄海第一部电动玩具。</u>从那个时候起，澄海人有了一定基础，懂得<u>电动玩具的生产</u>，逐步开发自己的产品。到1986年评审玩具生产(产品奖)的时候，澄海就获得了四星级玩具生产产品奖。澄海玩具逐步发展起来，从无到有，从低档到高档，从简单到复杂，逐步逐步地积累。为了做好特色玩具这一行业，他们通过去海外探亲买一些玩具回来参考、借鉴。这样不单开拓了思路，研制出新产品，而且也为澄海的玩具增加了销售渠道。

画 外 音： 澄海交通发达，在海陆空三方面都有优势，都是比较方便的。地理条件上的优越更加速了玩具产业的发展。在澄海，如今开始研制许多高科技玩具产品。比如，这里生产的四驱模型车，每年和国家体委②组织操作比赛，深得孩子们的喜爱。去年他们又研制生产出了机器人。

受 访 者： 我们现在看到的这一套是机器人家庭，它们由四个成员组成：爸爸、妈妈、婴儿还有小狗。四个人凑在一起的时候，它们可以进行家庭会议、进行交流，另外他们还有击鼓传花③的功能。这款机器人是我们公司自行研制的玩具，名叫"多奇它"，曾经获得2002年度最佳设计新玩具奖。通过外界的刺激，它可以有三百多种的表情。当两个机器人连在一起的时候，它可以比歌、对诗、谈心、提问，还有算数。现在来看一下它比歌的功能。

画 外 音： 小小的玩具为澄海人迎来了广阔的大市场，也让澄海走向了世界。当我们的下一代正被芭比娃娃、被米奇妙、被巴布豆包围的今天，印有澄海制造的玩具，让我们重新有了扬眉吐气的感觉，它向世人昭示：中国也有自己的品牌玩具，中国的玩具一样能走进世界的每个角落。

第三部分

画 外 音：为了进一步开拓市场，澄海在每年秋天都召开一次玩具博览会。

主 持 人：我们现在来到了澄海展览中心，中国国际玩具礼品展览会和中国国际玩具工艺品博览会在这里隆重举行。两会吸引了来自海内外的玩具经销商云集这里，使澄海玩具的销售渠道得到了进一步的拓展。

画 外 音：在这次玩具博览会上，对于澄海近几年玩具礼品产业发展的状况，中国玩具礼品协会给予了高度的肯定。

受 访 者：澄海以前相对来讲，生产的产品档次比较低一些，企业的规模也比较小。那么现在，这几年它们也发展了，企业也注意产品质量的提高，也注意工厂的规范化管理，也注意产品的研发，就是自己产品的研发。所以我觉得这是澄海这几年发展的一个特点吧。

画 外 音：澄海的玩具博览会为玩具经销商们提供了一个平台，促进并且加强了海内外同行的交流与合作，聚商凝商，共谋发展。

受 访 者：澄海的玩具现在也逐步走这个规模化（的发展道路）了。

受 访 者：出口啊、创汇啊什么的，挺好的。

受 访 者：澄海玩具作为澄海的支柱产业，发展到现在应该非常不错。

画 外 音：玩具搭台，经济唱戏。通过玩具博览会的召开，越来越多的人知道澄海、了解澄海。不要小看这些憨态可掬的毛绒玩具或者电动玩具，它们就像是一只只彩球抛向世界各地，又将几倍甚至几十倍的效益回报给澄海。可以说，澄海因为有了玩具产业更加生动，澄海人民因为玩具生产更加富足。澄海也正努力擦亮这张城市名片（以）展示给世人。

主 持 人：玩具业是澄海充分利用侨乡的优势发展起来的特色经济。澄海人也正在努力地打造中国玩具礼品城这张名片。

注 释：

① 红头船：当年，潮汕人移居海外创业，都乘坐红头船出洋，记载中的红头船是一种高桅杆的大

型木帆船,船头油漆成红色,并画上两颗大眼睛,浮在水面像一条大鱼,澄海人美称它为红头船。红头船可容数百人,载货几百吨,每年9、10月间,乘东北信风出发,遇上好风,顺风一个半月即可抵达暹罗(泰国)。

② 国家体委:"中华人民共和国体育运动委员会"的简称,现在称"中华人民共和国国家体育总局"。

③ 击鼓传花:一种游戏,玩法是击鼓者蒙上双眼,其余的人围成圈,当鼓声响起时人们开始传花,鼓声一停,花在谁的手里谁将受到"惩罚"。

第三课
无锡——成长中的"日资高地"

第三课　无锡——成长中的"日资高地"

一、生词

1. 生根		shēng gēn	take root
			(식물이) 뿌리를 내리다. [뿌리를 접붙이기를 하거나 씨앗이 발아하는 것을 말함]
			根が生える
2. 发芽		fā yá	germinate; sprout
			발아하다. 싹이 트다
			芽生え
3. 料理	(名)	liàolǐ	dish
			요리
			料理する
4. 青睐	(动)	qīnglài	favour; good graces
			특별하게 주목하다
			青眼、好意
5. 伫立	(动)	zhùlì	stand for a long while
			오랫동안 서 있다
			長時間立つ、たたずむ
6. 南来北往		nán lái běi wǎng	to be on the move
			사람이 많이 왔다 갔다 하다
			行き来、往来する、通行する
7. 镌刻	(动)	juānkè	engrave
			새기다
			彫刻する、刻む
8. 名扬	(动)	míngyáng	spread; make known
			이름을 날리다
			名をあげる

9. 地缘	（名）	dìyuán	geo-; relations formed through geographical links
			지연
			地理環境、地理空間関係
10. 乐土	（名）	lètǔ	land of happiness
			낙토
			楽土、楽園
11. 泥泞	（形）	nínìng	muddy
			진창
			（地面が）ぬかる；ぬかるみ
12. 荒凉	（形）	huāngliáng	desolation
			황량하고 적막하다
			荒涼としている、荒れ果てて人気のない
13. 集聚	（动）	jíjù	centralize; convergence
			모이다
			集まる、集合する
14. 效应	（名）	xiàoyìng	domino effect
			효과
			効果、反応
15. 接踵	（动）	jiēzhǒng	follow on sb.'s heels
			뒷사람의 발부리가 앞사람의 발끝에 닿다. [사람이 끊이지 않고 연이어 옴을 형용]
			きびすを接する、続々と
16. 液晶	（名）	yèjīng	liquid crystal
			액정
			液状結晶、液晶
17. 由衷	（动）	yóuzhōng	from the bottom of one's heart; sincere
			진심에서 우러나오다, 마음으로부터
			心から、衷心から

18. 追加	（动）	zhuījiā	add to
			추가하다
			追加する、後から加える、増やす

19. 注册	（动）	zhùcè	register
			등록
			登記する、登録する

20. 俭朴	（形）	jiǎnpǔ	frugal; thrifty
			검박하다
			倹約して質素である、つましい

21. 配套	（动）	pèitào	form a complete set
			하나의 세트로 조립하다
			組み合わせてそろいにする、一組みの補助的なもの

22. 紧锣密鼓		jǐn luó mì gǔ	vehement beating of drums and gongs
			징과 북이 끊임없이 울려대다. [비유]공식적인 활동 또는 공개적인 활동을 하기 전에 여론을 불러 일으키다
			どらや太鼓をしきりに鳴らす；鳴り物入り；すずっぴに活動を始好前に盛んに世論を盛込りをげことにたとえる

23. 瞩目	（动）	zhǔmù	fix eyes on; focus attention upon
			주목하다
			嘱目する、目をつける

24. 大本营	（名）	dàběnyíng	supreme headquarters; base camp
			(활동의)근거지
			根拠地、根城

25. 温馨	（形）	wēnxīn	cosy; warm
			온화하고 향기롭다
			暖かでよい香りがする、暖かい（気候や心遣いなどについていう）

| 26. 人文 | （名） | rénwén | cultural activities in human society |

			인문
			人文
27. 忙碌	(形)	mánglù	busy
			바쁘다
			忙しい、せわしい
28. 双赢	(动)	shuāngyíng	win-win situation; both sides benefit
			서로 이익을 받다
			お互いに利益がもらえる、お互いに助け合う
29. 税收	(名)	shuìshōu	revenue
			세금 수입
			税収
30. 反悔	(动)	fǎnhuǐ	go back on one's word; change one's mind
			마음이 변하다. 이전에 승낙한 일을 후회하다
			(後悔して)前言を取り消す、気が変わる
31. 诚信	(形)	chéngxìn	honest; credit
			신용을 지키다
			誠意；誠実である
32. 法宝	(名)	fǎbǎo	a magic weapon; effective tool, formula or experience
			보물, 법보
			神通力を持つた宝物。特に有効な思想・事物・方法を 指す。
33. 职能	(名)	zhínéng	function
			직능
			職能、機能、働き
34. 璀璨	(形)	cuǐcàn	bright; resplendent
			구슬. 옥의 광채가 찬란한 모양. 반짝반짝 빛나는 모양
			珠玉のきらきら光るさま

二、专名

1. 鼋头渚	Yuántóuzhǔ	name of a place 원두저(지명) 〈地名〉鼋头渚(中国無錫市にある半島)
2. 东瀛	Dōngyíng	Japan 일본 日本の別称
3. 金天舒	Jīn Tiānshū	name of a person 김천서(사람의 이름) 〈人名〉金天舒
4. 夏普	Xiàpǔ	Sharp Sharp (상품. 프 댄드) (SHARP)シャープ
5. 松下	Sōngxià	Panasonic 파나소닉(일본 회사) 松下電器
6. 李伟敏	Lǐ Wěimǐn	name of a person 이워민(인명) 〈人名〉李偉敏
7. 索尼	Suǒní	Sony 소니(일본 회사) (SONY)ソニー

三、词语例释

1. 很多日资企业都已经到我们新区来生根发芽

生存下来并获得发展。

（1）来自中国的杂交水稻目前已在世界各地生根发芽。

（2）孩子是祖国的未来,所以父母一定要担负起教育孩子的责任,让是非荣辱

的观念在孩子的心中生根发芽。

2. 不过我还发现无锡市区里日本料理店特别多

(1) 名词。指菜肴。

① 不论是烤肉、泡菜还是糕点,五颜六色的视觉享受,是韩国料理的最大特点。
② 日本料理讲究的是新鲜和精细,讲究营养的合理搭配。

(2) 动词。处理;办理。

① 随着独生子女成家独立生活,新婚夫妇请家政服务员料理家务的情况越来越多。
② 他要等料理完国内的一切事情再出国。

3. 日资为什么青睐无锡呢?

比喻喜爱和重视。

(1) 此次调查还显示,在众多企业中,外资企业更受毕业生们的青睐。
(2) 机会总是青睐有准备的人。

4. 这里能够成为日本投资者的乐土也就不足为怪了

不值得感到奇怪。

(1) 如果父母对孩子横加指责、全面否定、一棍子打死,那么,一旦孩子泯灭了希望,走下坡路便也不足为怪了。
(2) 每年的公务员招考中,几百人争抢一个职位的现象已屡见不鲜不足为怪了。

5. 而与之配套的二期工程也正在紧锣密鼓地进行中

锣鼓点敲得很密,比喻紧张有序。

(1) 时值岁末年初,辞旧迎新之际,上市公司也在紧锣密鼓地谋划着未来。
(2) 2008年北京奥运会的场馆建设正在紧锣密鼓地进行。

6. 素有"小女子,大项目"的说法

一向,向来。

(1) 山东素有"礼仪之邦"的美誉。

(2) 牦牛善走陡坡险道,跋山涉水如行平地,能驮善耕,素称"高原之车"、"冰河之舟"。

7. 而作为招商状元的李伟敏,索尼电子无锡有限公司的项目就是她招来的

"状元"本义是指中国古代科举考试殿试的第一名,现在常常指在某领域、某行业获得第一名或业绩特别突出的人。

(1) 高考成绩陆续出来了,每年这个时候,高考状元就成为人们议论的热门话题。

(2) "三百六十行,行行出状元",无论哪行哪业,无论高雅通俗,只要有行业,也便有一个行业的佼佼者。

四、练习

(一) 选择适当词语填空:

1. 望着他远去的背影,我在楼梯口_____了很久。(伫立,耸立)

2. 国贸中心大厦,高高_____,直入云霄。(伫立,耸立)

3. 沙漠里有强烈的光照,有各种丰富的矿物质,只要设法解决水的问题,就能使贫瘠_____的沙漠成为美丽富饶的绿洲。(荒凉,荒芜)

4. 由于青壮年大量外出打工,有的农村已经只剩下老人和小孩在家,许多农田_____,没人耕种。(荒凉,荒芜)

5. 同样的一句话"你好",如果用不同的态度来说就会有不同的_____。(效应,效果)

6. 据估算,一公顷阔叶林每天就可以通过光合作用吸收一吨二氧化碳,可见森林对减缓地球"温室_____"有着相当关键的作用。(效应,效果)

7. 世界上没有卖_____药的。(反悔,后悔)

8. 作为男子汉，答应的事情可以_____，但不能_____。(反悔,后悔)

9. 针对孙继海在足总杯中得到的红牌，英格兰足总昨天_____处罚，孙继海停赛4场，联赛还剩8轮，这几乎宣判了他的赛季提前结束。(追加,增加)

10. 儿童肥胖将_____其成年后肥胖的几率。(追加,增加)

11. _____了一天的他很快进入了梦乡。(忙碌,繁忙)

12. 上海港是世界上最_____的港口之一。(忙碌,繁忙)

(二) 用指定词语完成句子：

1. 20世纪90年代，计算机人才是_____。(青睐)

2. 北京火车站是中国最繁忙的火车站之一，_____。(南来北往)

3. 对于你们的帮助，我_____。(由衷)

4. 这个居民小区，_____，居民感到很方便。(配套)

5. 距2010年上海世博会还有不到一年的时间，准备工作_____。(紧锣密鼓)

第三课 无锡——成长中的"日资高地"

初步视听理解
CHUBU SHITING LIJIE

一、视点提示：

无锡—太湖—温情和水—日资企业

《无锡旅情》—无锡新区—佳帕纳—村田电子

新区管理中心—招商一局—李伟敏—"一站式"服务

二、完整地看一遍录像，说一说你看到了什么。

中国城市名片 ◆商务篇◆

听说训练 TING SHUO XUNLIAN

第一部分

一、先视听一遍，然后回答问题：

1. 无锡市对外宣传的口号是什么？

2. 现在无锡市对外招商有什么样的新特点？

二、根据录像内容判断正误：

1. 无锡人说话时的语气很有特点。　　　　　　　　　　　　　（　　）

2. 在无锡市区里有很多的韩国料理店。　　　　　　　　　　　（　　）

第二部分

一、先视听一遍，然后回答问题：

1. 日本友人为什么特别钟情于无锡这座城市？

2. 现在有多少家日资企业集中落户在无锡？落户在无锡的什么地方？

3. 中日两国是在哪年建交的？

二、根据录像内容判断正误：

1. 很多日本人都是通过《无锡旅情》这首日本歌曲认识了无锡这座城市。

（　　）

2. 无锡新区占地面积有110平方公里。　　　　　　　　　　　（　　）

3. 在中国内地日资企业都集中在无锡。　　　　　　　　　　　（　　）

50

第三课　无锡——成长中的"日资高地"

三、再视听一遍，边听边填空：

1. 这首_____于 80 年代末期的日本歌曲,让许许多多的日本_____认识了无锡,认识了这座_____温情和水的城市。

2. 今天无锡_____正在成为中国内地日资最_____的地区之一。

3. 中国市场的_____商机使他们多次_____在无锡的投资。

四、看录像，跟读录音文本中画线的部分：

从"从 1992 年开始建设的无锡新区"至"其中日资企业就有近 200 家"。

五、用所给的提示词语复述录音文本中画线的部分：

1992 年　　无锡新区　　集中　　140 平方公里　　700 多家　　200 家

第三部分

一、先视听一遍，然后回答问题：

1. 走进无锡新区对日招商办公大楼,你会有一种什么样的感觉?

2. 日商在跟新区招商人员接触后,决定到无锡来投资的主要原因是什么?

3. 无锡新区政府职能部门有什么样的服务理念?

二、根据录像内容判断正误：

1. 新区对日招商办公楼外边的环境和里边的工作气氛给人的感觉完全不同。　　（　　）

2. 只要有诚信,日本企业家就能到无锡来投资。　　（　　）

3. 政府职能部门的"一站式"服务给企业带来很多方便。　　（　　）

三、再视听一遍，边听边填空：

1. 周围_____中的鲜花、游鱼甚至休闲椅,处处_____出的是一种自然、

温馨,充满_____关怀的氛围。

2. 在无锡_____的"一站式"服务中心,我们就看到二十多个政府_____部门都_____在这里办公。

3. 地处_____美丽的太湖之滨,今日的无锡正在以它特有的魅力发展成为当今中国经济最为_____、市场经济最为_____的地区之一。

四、看录像,跟读录音文本中画线的部分:

从"诚信或许就是吸引日本企业家来无锡投资的一个法宝"至"认真扎实的效率也同样是不可缺少的"。

五、用所给的提示词语复述录音文本中画线的部分:

诚信　吸引　投资　法宝　但是　服务　效率　不可缺少

一、说一说无锡最吸引你的是哪些方面。

二、介绍一下无锡新区的情况。

三、无锡人在对日招商中哪些方面最值得称道?

四、如果你是一个商人,在考察投资环境时,你最看重什么? 为什么?

五、根据你所处城市的特点,设想一下你会如何去招商引资。

第一部分

女主持人: 我是山东电视台主持人安冉,我在无锡向大家问好。

男主持人: 我是赵磊,我是来自无锡电视台的。

男主持人: 刚来无锡印象怎么样?

女主持人: 无锡给我的第一印象非常好。

男主持人: 我作为本地人,我倒希望你两年以后再到无锡来,到那时候我们无锡的变化会更大,虽然这两年变化也很大。就是说,我们整个城市要搬到湖边上去,太湖的里湖,把城市搬到那个边上,要把它变成无锡的"西湖"。

女主持人: 那肯定更漂亮了。其实不光是无锡,包括全国的很多城市都有自己的特点。那么,无锡(人)对自己的城市有什么样的看法呢?我们来一起看一下。

受 访 者: 不是说,太湖美,美就美在太湖水嘛。

受 访 者: 阿福是我们无锡的象征。

受 访 者: 无锡的小吃好吃。

受 访 者: 火车站广场,还有一个就是人民广场。

受 访 者: 新区吧,很多日资企业都已经到我们新区来生根发芽,来发展了。

女主持人: 的确无锡有很多值得当地人骄傲的地方。说起无锡的方言呢,对我这个北方人来说是一句也听不懂。

男主持人: 一点儿不明白。

女主持人: 是啊。不过我感觉他们说话的语气还是很温和的。这是不是代表了无锡人的一个特点?

男主持人：吴侬软语①就很温柔，反映一个人的性格就很温和。无锡对外宣传有句口号叫"无锡充满温情和水"。

女主持人：不错。不过我还发现无锡市区里日本料理店特别多，是怎么回事？

男主持人：无锡人能吸引日本人呐，日本人愿意到无锡来投资啊，他喜欢无锡啊。所以无锡现在对外招商有一个新的特点，就是日本人投资特别多，已经成了无锡一个新的城市名片了。

女主持人：噢。日资为什么青睐无锡呢？让我带着您一起去探寻其中的原因。

第二部分

画外音：无锡太湖美丽的鼋头渚风景区伫立着一块造型别致的石刻，吸引着南来北往的游人。在这块石刻上，一面镌刻着"无锡充满温情和水"，这句话代表着无锡的城市形象；而另一面刻的却是一首日本歌曲——《无锡旅情》。这首诞生于80年代末期的日本歌曲，让许许多多的日本友人认识了无锡，认识了这座充满温情和水的城市。今天，到无锡来的日本客人当中，大都对这首歌曲有着美好的印象。

画外音：一首歌曲让无锡名扬东瀛。无锡也充分发挥了这首歌在中日友好交往，尤其是经贸合作中的作用。同时，由于无锡与日本在气候、地缘等方面的接近，这里能够成为日本投资者的乐土也就不足为怪了。

画外音：<u>从1992年开始建设的无锡新区现在已经成为日资企业在无锡最集中的地方</u>。这块占地140平方公里的土地上，有外资企业700多家，其中<u>日资企业就有近200家</u>。无锡"佳帕纳"体育用品有限公司是在新区投资的第一家日本企业。金天舒原来是这里的翻译，十年之后她已成为这里的营业部主任，她见证了无锡新区的每一步成长足迹。

受访者：刚开始来的时候，应该说这个是无锡的一个郊区的地区，离无锡市区也相当远，开汽车大概要半个小时，周围全部是农田。因为我们这边要造厂房，所以就把一些农民的房子拆掉，完全是一片农田，还有就是农民的住房，还有鱼塘，完全就是很乡下的地方。当时第一次来就是第一任总经理……，厂房刚刚定下来，来看一下在什么地方造厂房，就走在一片很泥泞的水田里面，感觉怎么是这么荒凉的地方，第一感觉也没想到会是这么荒凉。

画 外 音：今天无锡新区正在成为中国内地日资最密集的地区之一。世界500强的日本企业有12家落户新区，并形成了产业集聚效应，带动日本更多的跨国公司接踵而来。目前，无锡已成为夏普液晶显示的全球生产基地以及松下公司海外最大的电池生产基地。

画 外 音："日本跨国公司如此密集地集中在一起，就连在日本本土也没有见到。"这是一位到新区参观的日本客商发出的由衷的惊叹。无锡作为日本企业投资的一块热土，正在掀起一轮又一轮投资的热潮。

画 外 音：无锡村田电子有限公司是继北京村田电子有限公司之后日本村田集团在中国创立的第二个生产基地。他们的产品广泛应用于手机、电脑等设备中。中国市场的无限商机使他们多次追加在无锡的投资。

受 访 者：我们公司初期在无锡投资是3000万美元，我们从前年开始不断地增加投资，现在总投资额已经达到了8700万美元，注册资金达到了3100万美元，最近的一次增资我们建起了新的厂房。当然我们的销售也在不断增加，2003年争取销售额翻一番。

画 外 音：在无锡新区采访期间，我们幸运地赶上了一家日资企业的开工典礼，在俭朴而隆重的开工典礼上，我们了解到这家企业的总投资额达到了7600万美元，而与之配套的二期工程也正在紧锣密鼓地进行中。

画 外 音：开工典礼结束后，我们在公司的会议室里又发现了1972年中日两国分别发行的一份报纸。

受 访 者：2002年刚好是中日两国建交三十周年。在我们国家也相当重视。为了纪念这个有意义的时刻，我们也特意在这间会议室里展示当时两国的报纸，感受一下这个气氛。中国其实现在是世界上都在瞩目的一个国家，尤其是长江三角洲和珠江三角洲地区。无锡这里有很多日本企业，所以我们认为，这里是一个很有前景的地方。而且无锡市政府和新区管委会的领导都非常热情，帮我们解决了很多问题。我们今天能够顺利开业，这也说明我们在这里投资决策的正确。

第三部分

画 外 音：这里是无锡新区对日招商的大本营。与我们想象中的紧张节奏不同,周围环境中的鲜花、游鱼甚至休闲椅,处处体现出的是一种自然、温馨,充满人文关怀的氛围。可一旦走进这座办公楼,我们才发现,这里洽谈区的每一个房间都有忙碌的身影。为了不影响工作人员的业务洽谈,我们也只好在门外拍摄。

画 外 音：无锡新区招商一局主要负责对日招商。这里的招商人员都为女将,平均每年一个人的招商任务不低于5000万美元,素有"小女子,大项目"的说法。在这里我们感受到如同战场的感觉。而作为招商状元的李伟敏,索尼电子无锡有限公司的项目就是她招来的。

受 访 者：你像索尼的话,他到无锡来之前,广州、上海、北京他都去过,所以从一些硬件来讲,坦白地讲没什么很大的差别,包括优惠政策,包括这些投资环境来讲,唯一吸引他们的就是:他觉得跟你打交道以后,觉得你这个人比较实事求是。因为本身他们过来投资,也是属于一个合作。对他来讲,他不会相信你亏本,不会做亏本生意。然后你把大家的双赢这个关系给他讲清楚,在我们这个合作当中你可以获得什么好处,然后作为无锡,比如说可以带动无锡的当地就业,当然无锡也有一定的税收、财政收入,还有综合方面的因素。跟他一讲,他会觉得很安心,因为他也怕你是亏本,你现在一下子做了亏本,然后过了两年你反悔,那我怎么办?

画 外 音：正如李伟敏所介绍的这样,诚信或许就是吸引日本企业家来无锡投资的一个法宝。但仅有诚信是远远不够的,热情周到的服务和认真扎实的效率也同样是不可缺少的。在无锡新区的"一站式"服务中心,我们就看到二十多个政府职能部门都集中在这里办公,并不断强化对新区企业的服务。

受 访 者：现在我们提出一个理念,就是说企业主要注重自己的生产经营,剩下的事情我们来做。这意味着什么呢? 生产经营中间,自己内部问题,你们自己(解决),外部的问题,包括海关、税务、商检、外汇、工商等等这些问题,只要有问题,他们反映出来,我们就帮助他们去协调。

画 外 音: 地处富饶美丽的太湖之滨,今日的无锡正在以它特有的魅力发展成为当今中国经济最为发达、市场经济最为活跃的地区之一。这颗璀璨的太湖明珠也正在发出更加耀眼的光芒。

女主持人: 赵磊,走访无锡的这几天,我觉得无锡对外招商引资的成效真的是显而易见的。我觉得除了政策的优惠啊,软环境、硬环境的优越啊,还有一个非常重要的因素,就是无锡人的魅力。这几天我一直在思考这样一个问题,到底人的魅力在这个招商引资当中起了多大的分量?

男主持人: 起了很大的作用。无锡人温和,无锡人谦虚好学,所以无锡才有变化。作为无锡人,我也(在)这几年深深地感到了(它)给我们无锡人带来了一些实惠,也确实看到了实实在在的一些变化。

注 释:

① 吴侬软语:吴侬软语是对吴方言的一个昵称,吴方言在古代也称吴音,近代以来则叫江浙话或江南话。吴音一向有"软、糯、甜、媚"之称,说起来婉转动听,尤其是姑娘们说话时的发音,一波三折,非常优美。

城市链接 CHENGSHI LIANJIE

无锡城建新景观 现在无锡变漂亮了,"创造一个卓越的湖滨城市",这是无锡市城市总体20年规划的响亮口号。无锡市提出,告别运河时代,大踏步地走进太湖时代。太湖时代的标志就是无锡的城市将沿湖发展,并且构筑完善的生态系统。去年,太湖大道的通车、太湖广场竣工、无锡火车站的改造,标志着无锡太湖时代的开始。

无锡注重文物保护 经济热引来文化热,无锡越来越重视文物保护和修复工作,现在正在修复的有东林书院、钱钟书故居、二泉书院、顾端文公祠、五中丞祠和刘猛将庙等多处历史文化遗迹。修复工程本着修旧如旧的原则,按原样恢复原来的建筑格局,尽可能保持建筑的时代特征和地方特色,突现无锡的地方文化色彩。

生 词

1. 卓越	(形)	zhuóyuè	outstanding; remarkable
			탁월하다
			卓越した、ずば抜けている
2. 总体	(名)	zǒngtǐ	overall; total
			전체
			総体、全体、総体的な、全体の

第四课

呼和浩特——中国乳城

第四课　呼和浩特——中国乳城

热身 RESHEN

一、生词

1. 想必　　（副）　xiǎngbì　　most probably
반드시
きっと…だろう

2. 牧人　　（名）　mùrén　　herdsman
축목인
牧人；牧畜をする人

3. 悠扬　　（形）　yōuyáng　　(of sound) raising and falling; melodious
멀고 아득하다
(音や声が)高くなったり低くなったりする

4. 孩提　　（名）　háití　　childhood
유아
幼子、みどりご

5. 日新月异　　　rì xīn yuè yì　　change quickly; change with each passing day
매일(每日) 새롭고 매월(每月) 다르다.
[형용] (사물의) 진보가 매우 빠르다. 발전이 매우 빠르다
日進月歩、日ごと月ごとに新しくなる

6. 漫步　　（动）　mànbù　　saunter; ramble; stroll
한가롭게 거닐다
漫歩する、そぞろ歩き(をする)

7. 招牌　　（名）　zhāopái　　shop sign; signboard
간판
看板

8. 蒸蒸日上		zhēngzhēng rì shàng	flourishing; thriving 나날이 향상 발전하다. 날로 진보하다 (事業などが)日に日に向上し発展する、日増しに高まる	
9. 兵家	(名)	bīngjiā	military commander 병가 兵家、軍事家、戦略にたけた人	
10. 散装	(形)	sǎnzhuāng	unpackaged; in bulk 야적 ばら売り(の)、ばら積み(をする)	
11. 意思	(动)	yìsi	as a mere token (선물에 담겨져 있는)친밀한 정. 감사의 표시. 성의 (贈り物をするときの)気持ち	
12. 冰糕	(名)	bīnggāo	ice cream; ice-lolly 아이스크림 アイスクリーム、シャーベット	
13. 天下	(名)	tiānxià	all over the world 천하, 온세상, 세계 天下、世界、全国	
14. 居然	(副)	jūrán	actually 뜻밖에, 의외로 意外にも、思いがけなくも	
15. 业绩	(名)	yèjì	outstanding achievement 업적 業績、事業、手柄	
16. 中叶	(名)	zhōngyè	middle period 중엽 中葉、(ある時代の)中ごろ	

17. 不复	(副)	búfù	no longer
			다시는… 않다
			または…ない。二度とも…ない
18. 改良	(动)	gǎiliáng	discard flaws and make better or more tolerable; meliorate
			개량, 개선
			改良する
19. 鲜度	(名)	xiāndù	freshness
			신선도
			新鮮さ
20. 乳房	(名)	rǔfáng	breast; udder
			유방
			乳房
21. 掺假		chān jiǎ	adulterate
			가짜를 섞다
			にせものや品質の悪い物を混入する
22. 冷藏	(动)	lěngcáng	refrigerate
			냉장
			冷蔵する
23. 检验	(动)	jiǎnyàn	examine; test; inspect
			검사
			検査する、検証する、試す
24. 驮	(动)	tuó	carry on the back
			등에 지다. 싣다
			(背中で)負う、背負う(主に家畜についていう)
25. 调动	(动)	diàodòng	mobilize
			동원하다, 이동하다
			呼び起こす

26. 饲料	（名）	sìliào	feed; fodder; forage
			사료
			飼料
27. 棒子	（名）	bàngzi	maize; corn
			옥수수
			〈方言〉トウモロコシ
28. 发酵	（动）	fājiào	ferment
			발효하다
			発酵する
29. 苜蓿	（名）	mùxu	alfalfa
			개자리. 거여목
			ムラサキウマゴヤシ
30. 忙活	（动）	mánghuo	be busy
			바쁘게 일을 하다
			忙しく立ち働く
31. 甘于	（动）	gānyú	be willing to
			…하기를 달게 받아들이다
			甘んじて、喜んで、自ら進んで
32. 现状	（名）	xiànzhuàng	current situation; status quo
			현상
			現状
33. 登陆		dēng lù	disembark; land
			상륙하다
			上陸する
34. 取经		qǔ jīng	learn from sb.'s experience
			다른 사람의 경험을 배워오다
			(他人の)経験を吸収する、よい経験を学んでくる
35. 洗牌		xǐ pái	riffle
			(노름에서) 패를 뒤섞다
			トランプの札を切る、またやり直しのた

とえ

36. 小康　　　　（形）　　xiǎokāng　　comparatively well-off; well-to-do
경제와 사회가 여유롭고 안정된 상태
家の経済状態がまずまずである、やや裕福である。社会がしばらく安定している状態

二、专名

1. 蒙(古)语　　　　Měng(gǔ)yǔ　　Mongolian
몽고어
モンゴル語

2. 伊利　　　　　　Yīlì　　a famous milk brand of China
이리(중국의 유명한 우유 브랜드)
中国の乳製品のブランド

3. 蒙牛　　　　　　Měngniú　　a famous milk brand of China
몽우(중국의 유명한 우유 브랜드)
中国の乳製品のブランド

4. 内蒙古自治区　　Nèiměnggǔ Zìzhìqū　　Inner Mongolia Municipality
내몽고자치구(중국지명)
内モンゴル自治区

5. 澳洲　　　　　　Ào Zhōu　　Australia
호주
オーストラリア

6. 泰安　　　　　　Tài'ān　　name of a place
태안(중국지명)
泰安。山東省の行政区画の一つ、泰安に東岳と呼ばれている泰山がある

7. 胡锦涛　　　　　Hú Jǐntāo　　Hu Jintao
호금도(중국 국가주석)
中国現在の国家主席

三、词语例释

1. 一个城市拥有两个超重量级乳制品企业

原指体育比赛中的拳击、摔跤、举重等项目里的体重较高的级别,这里用来比喻重要的人或事物。

(1) 跻身《帝国》杂志"影史百名最伟大演员"、身价高达2500万美元的梅尔·吉布森是当之无愧的好莱坞超重量级巨星。

(2) 瑞士已取代德国成为欧洲大陆市场重量级企业的中心。

2. 呼市也是乳品企业兵家必争之地

指战争中的战略要地,比喻争夺激烈的市场、领域等。

(1) 徐州自古乃兵家必争之地。

(2) 看来人民币结算已是一块金融业兵家必争之地了!

3. 牛奶买一赠三、买二赠四什么的早已见怪不怪

见的多了也就不觉得奇怪了。

(1) 许多需要治理的问题,因为太多、太普遍,常使人见怪不怪了。

(2) 只有大家对怪问题背后的本质有了一个清醒的认识,才可能见怪不怪,很好地去解决它们。

4. 你最好也别忘带上一箱意思意思

动词。指表示一点儿心意。用做动词时,一般使用重叠形式"意思意思"或者"意思一下儿"。

(1) 过年了,买点儿东西给大家意思意思。

(2) 这次慈善活动,你怎么也得捐点儿钱意思一下儿。

5. 谁有好的奶源谁得天下

原指国家的统治权,现在有时也指在某领域的控制权。

(1) 兵法曰:得民心者得天下。我以为:满足消费者需求者,亦可得"天下"。

(2) 宽带网络在信息技术时代有不可替代的作用,大有"得宽带者得天下"之势。

6. 万事俱备，只欠饲料

成语"万事俱备，只欠东风"的仿用，指事情的准备工作已经基本完成，只差最后一个重要的、关键性的条件。

(1) 梁定邦在北京中国资本市场高峰会上表示，创业板正在等待时机，没有什么主要障碍，现在是万事俱备，只欠法规。

(2) 沪宁铁路"万事俱备，只欠东风"，有关人员表示，一旦获得批准，将争取在一季度开工建设。

四、练习

（一）选择适当词语填空：

1. 这些诗，他们在_____时代就能背诵。(孩提，孩子)

2. 在他还是一个_____的时候，他就能背诵这些诗。(孩提，孩子)

3. 一位护士推着轮椅在小院里_____，和轮椅上的老人有说有笑地聊天。(漫步，漫游)

4. 我国历史巨著《史记》的作者司马迁，从20岁起就开始_____，足迹遍及黄河、长江流域。(漫步，漫游)

5. 去年人工种草28.27万亩，_____草场8.51万亩，治理水土流失面积284.16万亩。(改革，改良)

6. 过去十年，中国的经济体制_____取得了举世瞩目的成就。(改革，改良)

7. 实践是_____真理的唯一标准。(检验，检查)

8. 有的父母埋怨孩子不爱读书学习，其实他们应当_____一下自己是不是有读书学习的习惯。(检验，检查)

9. 随着社会的进步与发展，现代人生活的节奏越来越快，显得越来越_____。(忙活，忙碌)

10. 他看到她要进厨房做饭，便说："别_____了，我吃过了。"(忙活，忙碌)

（二）用指定词语完成句子：

1. 找工作的艰难，_____。（想必）

2. 他遇到这么严重的车祸，_____，简直是一个奇迹。（居然）

3. 春节就要到了，_____。（忙活）

4. 他喜欢热闹，_____，也不喜欢一成不变的生活场景。（甘于）

第四课 呼和浩特——中国乳城

初步视听理解
CHUBU SHITING LIJIE

一、视点提示：

呼和浩特—青城—蓝天白云—时代气息

乳城—伊利—蒙牛—乳制品—牛奶消费

奶源—分散饲养，集中挤奶—养牛—饲料

丰厚的回报—输出品牌—乳业发展

二、完整地看一遍录像，说一说你看到了什么。

听说训练 TING SHUO XUNLIAN

第一部分

一、先视听一遍，然后回答问题：

1. "呼和浩特"在蒙古语中是什么意思？

2. 在呼市，为什么要给楼房"穿衣戴帽"？

3. 看到呼市的蓝天、白云会给人一种什么样的感觉？

二、根据录像内容判断正误：

1. 呼市的自然风光和内陆城市的不一样。　　　　　　　　　　　（　　）

2. 最近几年，呼市发展得非常快。　　　　　　　　　　　　　　（　　）

3. 呼和浩特市地处内蒙古大草原的东边。　　　　　　　　　　　（　　）

三、再视听一遍，边听边填空：

1. 呼和浩特市是内蒙古自治区的首府，＿＿＿＿＿＿＿呼市，这几年的城市发展＿＿＿＿＿＿＿。

2. ＿＿＿＿＿＿呼市你会发现，有些字你不认识了，因为满街的＿＿＿＿＿＿都是蒙、汉双语。

3. ＿＿＿＿＿＿在呼市的阳光中，看着城市的＿＿＿＿＿＿，用个歌名形容一下，那就是《走进新时代》了。

四、看录像，跟读录音文本中画线的部分：

从"呼和浩特是内蒙古自治区的首府"至"让楼房更漂亮"。

五、用所给的提示词语复述录音文本中画线的部分：

首府　　简称　　日新月异　　流行　　平顶　　红顶子　　漂亮

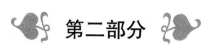

第二部分

一、先视听一遍，然后回答问题：

1. 在呼市有哪两个中国乳制品知名企业？

2. 在呼市的商店里，除了牛奶以外还有什么别的乳制品？

3. 为什么说乳制品业在中国全行业都挣钱？

二、根据录像内容判断正误：

1. 只有在呼市有两个中国乳制品知名企业，在别的城市没有。　　（　　）

2. 在呼市买牛奶时，买得少赠得多的现象非常少见。　　（　　）

3. 呼市人早餐一定要喝牛奶。　　（　　）

4. "伊利"和"蒙牛"每天有两千多吨的乳制品运往全国各地。　　（　　）

三、再视听一遍，边听边填空：

1. 呼市除了牛奶以外，还有其他乳_____，奶皮、奶_____什么的，_____很多人都没吃过。

2. 日本曾经靠"一杯牛奶_____一个民族"的办法使日本青少年_____了矮小个子的历史。

3. 目前，_____的市场_____让乳制品企业有金可挖。

四、看录像，跟读录音文本中画线的部分：

从"呼市人爱喝牛奶"至"几乎每家都放着几箱牛奶"。

五、用所给的提示词语复述录音文本中画线的部分：

爱喝　早餐　过去　散装　现在　改喝　做客　发现　放着

第三部分

一、先视听一遍,然后回答问题:

1. 过去呼市人喝鲜奶为什么也不是很容易?

2. 现在"伊利"公司发明了一种什么样的生产方式?这种方式有哪些好处?

3. 现在喂奶牛的饲料是普通的草吗?

二、根据录像内容判断正误:

1. 好的奶源是促进乳业发展的头等大事。（   ）

2. 呼市现在奶牛的品种和原来是一样的。（   ）

3. 鲜奶先挤到奶站的冷罐里,然后马上注入到厂里的大罐里。（   ）

4. 农民养牛的积极性很高,现在呼市奶牛的数量是原来的五倍多。（   ）

三、再视听一遍,边听边填空:

1. 由于鲜奶无法_____,并且手工挤奶很不_____,无法进行大_____生产。

2. 一种新的生产方式被"伊利"公司_____出来,那就是"_____饲养,_____挤奶"。

3. 拿青储来讲吧,看起来像玉米,_____它不结棒子,熟了以后,_____碾碎,可是奶牛的好_____。

四、看录像,跟读录音文本中画线的部分:

从"要想牛儿多下奶,还得多喂草"至"吃了以后,奶蛋白质含量会提高"。

五、用所给的提示词语复述录音文本中画线的部分:

要想　　还得　　一般　　学问　　青储　　看起来　　结　　棒子

发酵　　点心　　蛋白质　　提高

第四部分

一、先视听一遍,然后回答问题:

1. 农民养牛前和养牛后每年的收入有什么不同?
2. 现在"伊利"和"蒙牛"在经营乳制品理念上发生了哪些变化?
3. 为什么"不仅小孩喝、老人喝,最重要的是中小学生都要喝牛奶"?

二、根据录像内容判断正误:

1. 农村奶牛养得越多,城里就业的人就越多。　　　　　　　　　　(　　)
2. "伊利"和"蒙牛"在全国各地建了很多的分厂。　　　　　　　　(　　)
3. 呼和浩特市打造中国乳城的行动很早以前就开始了。　　　　　　(　　)

三、再视听一遍,边听边填空:

1. ＿＿＿＿＿＿,这养牛的心思可没白费,＿＿＿＿＿＿的回报也是实实在在的。
2. 根据＿＿＿＿＿＿,农村每养三头牛,城里就有一个人得跟着＿＿＿＿＿＿。
3. "蒙牛"在我省泰安建厂,"伊利"在济宁＿＿＿＿＿＿。这不,我们山东的小伙子都到内蒙来＿＿＿＿＿＿了。

四、看录像,跟读录音文本中画线的部分:

从"而像伊利、蒙牛这样的企业,肯定也不甘于现状"至"我们山东的小伙子都到内蒙来取经了"。

五、用所给的提示词语复述录音文本中画线的部分:

不甘于　　现状　　输出　　改为　　品牌　　资源　　服务　　山东
小伙子　　取经

一、看本课录像前,你想象中的呼和浩特是什么样子的?
二、看完本课录像后,呼和浩特给你留下了哪些深刻印象?
三、呼和浩特市发展乳制品业有哪些优势?
四、举例说明应该怎样因地制宜地发展优势产业。
五、介绍一下你们国家乳制品的生产和消费情况。

第一部分

城市名片 呼和浩特
内蒙古自治区
人口:210万　面积:17224平方公里

第四课　呼和浩特——中国乳城

主 持 人： 今天的城市名片将给大家发一个新的名片，就是呼和浩特。其实"呼和浩特"也是一句蒙(古)语，"呼和"的意思就是蓝色，"浩特"的意思是城市，所以呼和浩特也叫青城。青城过去在人们的印象当中可能是蓝天、白云，还有大草原。其实你看一下我身后的这些建筑，是不是也有一些现代都市的气息呢？那么我们还是来听一听当地的市民是怎么评价青城的吧。

受 访 者： 城市建设非常美丽。

受 访 者： 开发区挺好，两个开发区——金川开发区、如意开发区。

受 访 者： 我觉得"伊利"、"蒙牛"特别出名。

画 外 音： 没有到过呼和浩特的人想必对呼和浩特感觉比较神秘，蓝蓝的天空下隐藏着多少人童年时的向往。美丽的大草原上牧人悠扬的琴声、孩提的欢笑，都是我们少年时对草原的梦想。

画 外 音： <u>呼和浩特是内蒙古自治区的首府，简称呼市。这几年的城市发展日新月异。比如说，现在呼市的楼房流行"穿衣戴帽"，就是原来的平顶上再加红顶子，让楼房更漂亮。</u>漫步呼市你会发现，有些字你不认识了，因为满街的招牌都是蒙、汉双语。蒙古文字你可不一定认识吧？比如，"肯德基"这几个字你认识吗？

画 外 音： 呼和浩特市地处内蒙古草原腹地。这里的蓝天、白云和草原上的是一样的，让人百看不厌。沐浴在呼市的阳光中，看着城市的蒸蒸日上，用个歌名形容一下，那就是《走进新时代》了。

第二部分

画 外 音： 有些人知道"伊利"和"蒙牛"，却并不一定知道它们都在呼市。去年这两个企业在中国乳业排名中，伊利第一，蒙牛第四。一个城市拥有两个超重量级乳制品企业，中国仅此一家。我们常说商战，呼和浩特就正在打"奶战"。呼市乳制品人均拥有量全国第一。呼市也是乳品企业兵家必争之地。牛奶买一赠三、买二赠四什么的早已见怪不怪。呼市除了牛奶以外，还有其他乳制品，奶皮、奶豆腐什么的，估计很多人都没吃过。

受 访 者：像这个是奶豆腐，一般是直接吃；这个是奶皮，泡奶茶、泡牛奶吃都行，还可以做拔丝奶皮；像这个是黄油，一般是抹面包，拿微波炉温一下就行。

画 外 音：呼市人爱喝牛奶，牛奶更是早餐必备。过去条件差的时候，这里卖散装奶，就是用桶卖的那种。现在条件好了，都改喝"伊利"、"蒙牛"了。上呼市人家做客你会发现，几乎每家都放着几箱牛奶。对了，你最好也别忘带上一箱意思意思。

画 外 音：乳制品业现在是中国全行业都赚钱的行业。为什么这么说呢？就是因为我们和发达国家的人均消费水平差距太大，只相当于全世界平均水平的十五分之一，日本的四分之一。而日本曾经靠"一杯牛奶强壮一个民族"的办法使日本青少年告别了矮小个子的历史。目前，巨大的市场空间让乳品企业有金可挖。现在整个呼市每天往外输出大约两千吨的乳制品。伊利去年产值四十亿，蒙牛二十亿。今年两个企业加起来的产值要争取上百亿。中国的市场空间给呼市乳品企业难得的机会。谁会想到，十几年前，现在的伊利只不过是一个卖冰糕的小厂，而蒙牛诞生也只有四年。

第三部分

画 外 音：现在市场好得不得了。而乳业发展的关键就是奶源。谁有好的奶源谁得天下。你看，蒙牛的储奶罐居然成了企业业绩的展示牌，上面描绘着他们的希望和目标，2006年蒙牛的产值要达到100个亿呢。

画 外 音：在历史上，呼和浩特曾经是大草原，但从清朝中叶开始，北方移民大量迁入，为了养活城市人口，呼市周边基本上被开发成农田，大量种植玉米，昔日"风吹草低见牛羊"[①]的景象不复存在。

画 外 音：呼市过去也养牛，品种也是现在的澳洲产黑白花奶牛。但是品种改良不好，产量很低。由于鲜奶无法保存，并且手工挤奶很不卫生，无法进行大规模生产。过去呼市人喝鲜奶其实也是很困难的。

画 外 音：由于鲜奶的市场越来越好，落后的生产方式无法满足人们的需要，一种新的生产方式被"伊利"公司发明出来，那就是"分散饲养，集中挤奶"。在奶牛多的地方建立现代化的收奶站，这奶站可是宝，它既有冷罐设备，同时又有电动挤奶设备,这样既能够保持牛奶的鲜度,同时又能保证卫生,被称为"牛乳房下的交易",牛奶直接入罐根本掺不了假。这不,奶牛都等不及了,每天早上、晚上各挤一次,到时候奶牛都排队过来。不过你也不用担心农户的利益,每个奶牛都有户口,就是一种电子卡,老乡的奶款都在卡里呢。

画 外 音:鲜奶在奶站的冷罐里呆不了多久,马上就会被冷藏车运到厂里做检验,检验合格的奶被注入厂里的大罐,经过加工,你就可以喝到味美可口的鲜奶了。

画 外 音:为了争夺优质奶源,保护奶户的积极性,乳品企业还设立了保护收购价,一般每斤1.5元。

受 访 者:所以说我们有这种保障的话,大家养牛就不用愁了,就不用说牛奶卖不了,像前几年,有时牛奶卖不了,大家还得骑车子驮到城里,或者是怎么想办法把一天的牛奶去卖掉。

画 外 音:农民的积极性被调动起来,这呼市的奶牛数量也是看涨,97年的时候,整个呼市也就四五万头奶牛,而今年就达到了二十八万头。

画 外 音:万事俱备,只欠饲料。<u>要想牛儿多下奶,还得多喂草。不过,现在喂的草可不是一般的草,里面有大学问。</u>拿青储来讲吧,看起来像玉米,其实它不结棒子,<u>熟了以后,发酵碾碎,可是奶牛的好点心,吃了以后,奶蛋白质含量会提高。</u>还有这世界优秀牧草——苜蓿草,更是奶牛的最爱。

第四部分

画 外 音:"功夫不负有心人",这养牛的心思可没白费,丰厚的回报也是实实在在的。

受 访 者:以前不养牛,每年收入不多,才收入二三百块钱,现在养牛每年能收入四到五万块钱。

画 外 音:不光是农村的奶户高兴,城里人也有人偷着乐呢。根据测算,农村每养三头牛,城里就有一个人得跟着忙活。<u>而像伊利、蒙牛这样的企业,肯定也</u>

不甘于现状。从输出牛奶改为输出品牌,让全国资源都为他们服务。远的不说,"蒙牛"在我省(山东)泰安建厂,"伊利"在济宁登陆。这不,我们山东的小伙子都到内蒙来取经了。

画 外 音:乳业的发展用句时髦的话说,叫"面临洗牌"。不过,这可不是我们今天话题的重点,我们还是看看乳业发展对呼市有什么好处吧。

受 访 者:形象的提升、对我们的对外开放、经济的发展,让更多的人了解我们呼和浩特,来我们呼和浩特投资,都是非常有好处的。

字　　幕:目前呼和浩特市打造中国乳城的行动仅仅是个开始。
2003年1月5日,中共中央总书记胡锦涛考察内蒙乳业工作时说:"牛奶本身就是温饱之后小康来临时的健康食品,不仅小孩喝、老人喝,最重要的是中小学生都要喝牛奶,提升整个中华民族的身体素质。"

注　释:
① "风吹草低见牛羊":出自北朝时游牧于阴山漠南一带的北方民歌《敕勒歌》,歌词为:"敕勒川,阴山下,天似穹庐,笼盖四野。天苍苍,野茫茫,风吹草低见牛羊。"

第四课　呼和浩特——中国乳城

城市链接 CHENGSHI LIANJIE

召城看召　呼和浩特又称召城。"召"在蒙语中就是寺庙的意思。这里召庙云集,共有大小庙宇50多座。多建于明代,具有非常鲜明的民族特点和塞外风情。其中以大召最为有名。"大召"蒙语意为大庙,建于明隆庆年间(1567-1672),是藏汉式喇嘛庙型之大殿,汉式庙宇布局,内藏文物较多。

昭君[①]墓　昭君墓也是当地著名景点,它位于呼和浩特市以南的大黑河畔,墓高33米,远望陵墓呈青黛色。昭君墓又称为"青冢","青冢拥黛"被誉为呼和浩特八景之一。

注　释：
① 王昭君,西汉后期,以公主的身份嫁匈奴单于(chányú)。

生　词

1. 塞外	（名）	sàiwài	north of the Great Wall
			국경 밖.[만리장성의 이북 지역을 말함]
			塞外、昔万里の長城以北の地区をさした
2. 喇嘛	（名）	lǎma	lama
			라마(교)
			ラマ僧
3. 青黛色	（名）	qīngdàisè	black
			검푸른 색
			青みがかった黒い色である

第五课

中山——灯饰之都

第五课　中山——灯饰之都

热身 RESHEN

一、生词

1. 故居　　（名）　gùjū　　former residence
   예전에 살았던 집
   もとの住まい、生前住んでいた家

2. 逝世　　（动）　shìshì　　die; pass away
   돌아가다. 세상을 떠나다
   逝去する

3. 故里　　（名）　gùlǐ　　native place
   고향
   故郷、ふるさと

4. 灯饰　　（名）　dēngshì　　lighting
   전등 장식. 일루미네이션 (illumination)
   飾り提灯

5. 诞生　　（动）　dànshēng　　(of a person) be born
   태어나다
   誕生する、生まれる

6. 流逝　　（动）　liúshì　　(of time) pass; elapse
   (유수처럼) 흘러가다. 지나가다
   (月日が)流れ去る

7. 守望　　（动）　shǒuwàng　　keep watch
   지켜보다
   見張りをする

8. 无比　　（动）　wúbǐ　　incomparable; unparalleled; matchless
   비할 수 없이
   無比である、比べるものがない

9. 眷恋　　（动）　juànliàn　　be sentimentally attached to

			미련을 두다
			思い慕う、懐かしく思う
10. 熙熙攘攘		xīxī rǎngrǎng	bustling; bustle with activity
			(사람들의 왕래가 빈번하여) 매우 번화하다. 떠들썩하다
			人の往来が盛んでにぎやかなさま
11. 赫然	(形)	hèrán	awesomely; impressively
			인상깊게
			恐ろしい物や大きな物などが突然現れるさま；いきり立つさま
12. 显眼	(形)	xiǎnyǎn	conspicuous
			눈에 띄다
			はっきりと、明らかに、顕著である
13. 磨灭	(动)	mómiè	obliterate; efface; wear away
			마멸되다
			磨滅する
14. 烙印	(名)	làoyìn	brand
			낙인
			烙印
15. 施政	(动)	shīzhèng	administrate
			정치를 펼치다
			施政、政治を行う
16. 民生	(名)	mínshēng	the people's livelihood
			민생
			民生、人民の生活
17. 千钧	(数量)	qiānjūn	an exceptionally heavy
			아주 무거운 무게. [옛날에는 30근을 1균이라 했음]
			今の三万キログラムに相当し、重要なことのたとえ
18. 安居乐业		ān jū lè yè	live and work in peace and contentment

편안하게 살면서 즐겁게 일하다
居所も安定し、職業を持ち、楽しくやってゆく

| 19. 干道 | （名） | gàndào | artery; trunk road |

간선도로
主な道路

| 20. 目不暇接 | | mù bù xiá jiē | too many things to see |

많아서 미처 다 볼 수가 없다
多くて見切れない

| 21. 鳞次栉比 | | lín cì zhì bǐ | row upon row of buildings in close order, such as houses in congested area |

건물 등이 밀집되어 있다
（家がうろこやくしの歯のように）ずらりと並んでいるさま

| 22. 晶莹 | （形） | jīngyíng | sparkling and crystal-clear |

반짝반짝 빛나다
きらきらして透明である

| 23. 剔透 | （形） | tītòu | bright and limpid |

투명하다. 맑고 깨끗하다
明るくて澄んでいる様子

| 24. 水晶 | （名） | shuǐjīng | crystal |

수정
水晶

| 25. 烘托 | （动） | hōngtuō | set off by contrast; throw into sharp relief |

돋보이게 하다
引き立たせる、浮き立たせる、際立たせる

| 26. 折服 | （动） | zhéfú | subdue; be convinced |

굴복시키다
説伏する、屈服させる；心服する、信服する

27. 雍容	（形）	yōngróng	natural and graceful
			온화하고 점잖다
			（態度が）おうようでゆったりしているさま
28. 迷失	（动）	míshī	be off the track; lose (one's way etc.)
			잃어버리다
			迷う、見失う
29. 牛角	（名）	niújiǎo	ox horn
			쇠뿔
			ウシの角
30. 衬映	（动）	chènyìng	serve as a contrast to; set off; serve as a foil to
			서로 잘 어울리다
			引き立てる、際立たせる
31. 砂洗	（动）	shāxǐ	be frosted
			유리를 처리하는 방법
			摩砂仕上げ、砂で磨く
32. 羞涩	（形）	xiūsè	shy; bashful
			부끄럽다
			きまりが悪い、恥ずかしくて態度が不自然である
33. 反馈	（动）	fǎnkuì	feedback
			（정보나 반응이）되돌아오다
			帰還、フィードバック
34. 涵盖	（动）	hángài	cover; contain
			포함하다
			含む、包含する
35. 博览会	（名）	bólǎnhuì	expo; international fair
			박람회
			博覧会

36. 川流不息	chuān liú bù xī	flowing past in an endless stream; never-ending
		행인이나 차의 행렬이 흐르는 물처럼 끊이지 않다
		水の流れのように絶え間なく続く、絶え間なく往来する
37. 敬仰（动）	jìngyǎng	revere; venerate
		존경하여 우러러보다
		敬慕する、敬い慕う
38. 络绎不绝	luòyì bù jué	in an endless stream
		(사람, 수레, 배 등의)왕래가 빈번해 끊이지 않다
		ひっきりなしに行き来する

二、专名

1. 孙中山	Sūn Zhōngshān	Sun Yat-sen
		손중산(인명)
		孫中山(1866-1925)。本名を孫文といい、中国革命の父と仰がれる
2. 香山	Xiāng Shān	name of a place
		향산(지명)
		香山。中山市の旧名
3. 翠亨	Cuìhēng	name of a place
		췌형(지명)
		翠亨。村の名前
4. 古镇	Gǔzhèn	name of a place
		고진(지명)
		古鎮。鎮の名前

5. 西班牙	Xībānyá	Spain
		스페인
		スペイン
6. 马秀伟	Mǎ Xiùwěi	name of a person
		마수위(인명)
		〈人名〉馬秀偉
7. 温州	Wēnzhōu	name of a place
		온주(지명)
		温州。浙江省東南沿海に位置する地級市（地区クラスの市）
8. 拉萨	Lāsà	name of a place
		라사(지명)
		ラサ、チベット自治区の区都

三、词语例释

1. 在孙中山的施政理念中，"民生"二字重于千钧

钧是古代的重量单位，三十斤为一钧。"千钧"表示分量极重。

（1）商场上"诚信"二字重千钧值万金。

（2）他刚强得可以挑起千钧重担，又温柔得会抚摸一株小草。

2. 十里长街上，各种品牌的灯饰商店鳞次栉比

像鱼鳞和梳子齿那样有次序地排列着，形容房屋建筑等密集排列。

（1）北京路街道两侧各种建筑鳞次栉比。

（2）浦东鳞次栉比的现代化高楼，不仅以颇具创意的设计、超凡脱俗的造型成为繁华都市的新景观，而且以其独特功能和巨大容量，成为浦东经济舰队的一艘艘巨轮。

3.《古镇灯饰》报应运而生

顺应时代发展需要而产生。

（1）随着互联网的普及,网络购物应运而生。
（2）随着时代的飞速发展,社会分工的不断细化,像私人教练或陪练这样的新边缘职业如今在深圳应运而生。

四、练习

（一）选择适当词语填空：

1. 这间房子是鲁迅先生的_____。（故居,故里）
2. 山东曲阜是孔子_____。（故居,故里）
3. 昨天是孙中山先生_____纪念日。（死,逝世）
4. 我的一个邻居昨天出车祸_____了。（死,逝世）
5. 美术爱好者将自己的习作挂在墙上,集邮爱好者把邮册放在_____的位置,都可以让人一进屋就知道主人的兴趣爱好。（显眼,起眼）
6. 她在中学时还是不_____的丑小鸭。（显眼,起眼）
7. 观众被她今晚的表现_____了。（折服,佩服）
8. 说实话,我很_____你的勇气。（折服,佩服）
9. 这本书的研究范围几乎_____了哲学的各个领域。（涵盖,覆盖）
10. 一个晚上的时间,整个华北平原就被大雪_____了。（涵盖,覆盖）

（二）用指定词语完成句子：

1. 你开奔驰车_____。（显眼）
2. 能有这样一个机会表达一下我的心情,_____。（无比）
3. 刘翔凭着打破世界记录的成绩_____。（折服）
4. 如果事情发生变化,_____。（反馈）
5. 她生病的消息传出后,_____。（络绎不绝）

初步视听理解
CHUBU SHITING LIJIE

一、视点提示：

中山市—孙中山—民生

古镇—灯饰一条街—设计理念

马秀伟—灯饰生意—《古镇灯饰》报

灯饰广场—灯饰博览会—孙中山故居纪念馆

二、完整地看一遍录像，说一说你看到了什么。

第五课　中山——灯饰之都

第一部分

一、先视听一遍，然后回答问题：

　　1. 原来的"香山市"如今为什么改名叫"中山市"？

　　2. 孙中山建设"民生"的理想在他的家乡得到怎样的体现？

　　3. 古镇镇是在哪年被中国轻工业联合会评为中国灯饰之都的？

二、根据录像内容判断正误：

　　1. 在中国以伟人名字命名的城市不止中山市。　　　　　　　　（　　）

　　2. 在中山市随处可以感受到孙中山和这座城市的亲密关系。　　（　　）

　　3. 古镇镇的灯饰闻名全国。　　　　　　　　　　　　　　　　（　　）

三、再视听一遍，边听边填空：

　　1. 一百多年前，一个名叫翠亨的村庄，_____了一位_____名人。

　　2. 进入中山市，马路上独特的街道名_____时刻在_____着我们它与伟人亲密_____的关系。

　　3. 今天的中山，经济_____，人民安居乐业，_____形成了颇具规模的_____特色经济。

四、看录像，跟读录音文本中画线的部分：

　　从"今天的中山，经济繁荣"至"2002年，古镇镇又被中国轻工业联合会评为中国灯饰之都"。

五、用所给的提示词语复述录音文本中画线的部分：

　　今天　　繁荣　　形成　　规模　　区域　　灯饰　　突出　　2002年

　　中国轻工业联合会　　评为

第二部分

一、先视听一遍，然后回答问题：

1. 中山市的灯饰一条街有多长？在那里经营灯饰的店铺有多少家？

2. 古镇灯饰设计师们的设计理念是不是非常中国化？

二、根据录像内容判断正误：

1. 著名的灯饰一条街坐落在古镇镇的主要马路上。（　　）

2. 在中山市的灯饰商店里，每售出两只灯就有一只是古镇镇生产的。（　　）

3. 中国最大的灯饰生产基地和销售基地都在古镇镇。（　　）

三、再视听一遍，边听边填空：

1. 行驶在古镇镇的_____道上，迎面而来的各种各样的灯饰_____令人目不暇接。

2. 古镇人_____地告诉我们，在全国灯饰市场里每_____两只灯，就有一只是古镇生产的。

3. 我们仿佛_____于灯的海洋，_____于它的雍容华贵，渐渐_____了自己。

四、看录像，跟读录音文本中画线的部分：

从"古镇人骄傲地告诉我们"至"古镇已经成为中国最大的灯饰生产基地和销售基地"。

五、用所给的提示词语复述录音文本中画线的部分：

骄傲　全国　市场　出售　生产　成为　最大　基地　销售

第三部分

一、先视听一遍，然后回答问题：

1. 江浙女子马秀伟是什么时候来到古镇镇的？

2.《古镇灯饰》报的内容丰富吗？

二、根据录像内容判断正误：

1. 从上个世纪70年代末开始，古镇上从事灯饰行业的人越来越多。（ ）

2. 很多江浙人都在古镇上做灯饰生意。（ ）

3.《古镇灯饰》报的月发行量达到十五万份。（ ）

三、再视听一遍，边听边填空：

1. 早在上个_____的70年代末，古镇只有两家生产_____环型灯的_____企业。

2. 中山人的_____和_____留住了马秀伟。经过十年的奋斗，她的事业也在中山这片热土上_____壮大。

3. 有了全国最大的灯饰_____，中山人就想做全国最大的_____报纸。

四、看录像，跟读录音文本中画线的部分：

从"中山人的热情和勤劳留住了马秀伟"至"在这十里长街上做起了灯饰的生意"。

五、用所给的提示词语复述录音文本中画线的部分：

热情　勤劳　马秀伟　经过　奋斗　事业　壮大　带领
家乡　朋友　生意

第四部分

一、先视听一遍，然后回答问题：

1. 中国国际灯饰博览会是什么时候在哪儿举行的？

2. 孙中山故居建于哪个年代？是由谁主持建造的？

二、根据录像内容判断正误：

1. 古镇镇是在去年召开国际灯饰博览会的同时，被命名为中国灯饰之都的。

（　　）

2. 古镇灯饰让越来越多的人知道了中山市。　　　　　（　　）

3. 孙中山故居至今有二百多年的历史了。　　　　　　（　　）

三、再视听一遍，边听边填空：

1. 和_____初次来中山的游客一样，我们怀着_____和_____来到了位于中山市郊的孙中山故居纪念馆。

2. 作为全国重点_____保护单位的中山故居，目前又被中宣部_____为爱国主义教育示范基地。

四、看录像，跟读录音文本中画线的部分：

从"当中山以古镇灯饰闻名于世界时"至"我们怀着敬仰和向往来到了位于中山市郊的孙中山故居纪念馆"。

五、用所给的提示词语复述录音文本中画线的部分：

中山市　闻名　也许　孙中山　欣慰　我们　敬仰　向往
位于　市郊　故居

第五课 中山——灯饰之都

大家谈 DAJIA TAN

一、介绍一下孙中山先生和他的政治理念。
二、谈一谈孙中山先生和中山市的亲密关系。
三、为什么说古镇镇是灯饰之都?
四、为发展灯饰产业,古镇镇都做了哪些方面的工作?

录音文本 LUYIN WENBEN

第一部分

城市名片 中山
广东省
人口:134万　面积:1800平方公里

主 持 人： 您好，观众朋友。欢迎收看这一期的城市名片。你看我身后的这座建筑是不是特别眼熟？这就是孙中山先生的故居。孙先生的故居是在广东省中山市的翠亨村。过去呢，中山市叫香山。1925年孙先生逝世之后，人们为了纪念他，便把香山改为了中山，中山也成了中国唯一一个以伟人的名字命名的城市。走在这座城市里，随处都能感受到伟人故里的一种特有的气息。不知道伟人的同乡如何看待他们生活的这座城市。

受 访 者： 城市规划很好，很干净、整洁，相对其他的大城市，节奏比较慢，挺舒服。

受 访 者： 中山市，肯定是以孙中山为主。孙中山故居，这是最有代表性的啦。

受 访 者： 这个地方的灯饰在国内是比较有名气的，而且它的历史比较悠久。

画 外 音： 一百多年前，在一个名叫翠亨的村庄，诞生了一位世纪名人。百年流逝，如今他的身影依然守望在故土，以无比眷恋的目光，深情地注视着这片神奇的土地。进入中山市，马路上独特的街道名似乎时刻在提醒着我们它与伟人亲密深厚的关系。走在熙熙攘攘的步行街上，一位专心作画的街头画家闯进了我们的视线。在他的一系列人像作品中，孙中山赫然挂在最显眼的位置上。孙中山已经在这个城市的生命中留下了难以磨灭的烙印。

画 外 音： 在孙中山的施政理念中，"民生"二字重于千钧，如今他建设民生的理想已经在家乡变成现实。今天的中山，经济繁荣，人民安居乐业，一举形成了颇具规模的区域特色经济。其中以古镇镇的灯饰产业最为突出。2002年，古镇镇又被中国轻工业联合会评为中国灯饰之都。

第二部分

画 外 音： 行驶在古镇镇的主干道上，迎面而来的各种各样的灯饰招牌令人目不暇接。十里长街上，各种品牌的灯饰商店鳞次栉比。这就是著名的灯饰一条街了。

画 外 音： 古镇人骄傲地告诉我们，在全国灯饰市场里每出售两只灯，就有一只是古镇生产的。古镇已经成为中国最大的灯饰生产基地和销售基地。

第五课　中山——灯饰之都

受 访 者： 目前我们有灯饰生产企业1800多家，整个就沿着这十里长街的销售点，店面已经超过了1000多家。去年我们的灯饰的产值达到43亿多，也是占了我们整个镇工农业总产值的80%。

画 外 音： 晶莹剔透的水晶，精錾细刻的工艺，烘托出一片炫目的光芒。我们仿佛置身于灯的海洋，折服于它的雍容华贵，渐渐迷失了自己。在这里每一盏灯都有自己不同的艺术含义。

受 访 者： 现在欧洲人也慢慢地了解中国嘛，有些欧洲人很喜欢中国文化，接受这个东西，这个灯出口(到)日本、出口(到)欧洲都可以。

画 外 音： 现在古镇灯饰已经走出了国门，灯饰的设计也开始融入越来越多的国际元素，逐渐形成自己独特的灯饰文化。

主 持 人： 现在这个吊灯，我觉得造型比较独特，下面像个牛角，这里面加了一个什么样的设计理念？

受 访 者： 它就是利用了一个牛角嘛，因为欧洲那边，像西班牙有斗牛士，他们那边喜欢斗牛，他可能设计的时候就加入一个牛角，然后他用一个牛蹄的玻璃灯罩来映衬这个效果。它的玻璃是用青光砂洗之后处理的，那光不会直接照射出来。就像这种灯影效果，看起来很柔和，很有艺术氛围在里面，感觉上很不错。如果销往欧洲或者美洲都可以。

第三部分

画 外 音： 马秀伟，一个略带羞涩的江浙女子，十年前为了发展事业，与丈夫离开了家乡温州，来到了中山的古镇。

受 访 者： 我一看到古镇，刚刚来的时候，就是一看到这个地方，我认为我要住下来，这是值得我去拼搏的地方，就有这样的一个感觉。

画 外 音： 早在上个世纪的70年代末，古镇只有两家生产简单环型灯的乡镇企业。发展到90年代的初期，虽然从事灯饰行业的人越来越多了，但是却都处于分散的状态。

画 外 音： 中山人的热情和勤劳留住了马秀伟。经过十年的奋斗，她的事业也在中山这片热土上日渐壮大。在她的带领下，家乡很多朋友也来到了古镇，在这十里长街上做起了灯饰的生意。

画 外 音：经过20多年的发展，古镇一跃成为世界四大灯饰生产基地和销售市场之一。灯饰已经成为古镇主要的经济产业。每10个古镇人中就有3个人是做灯饰生意的。

主 持 人：在一家灯饰的展厅里我发现了这样一份报纸，叫《古镇灯饰》。大体翻了一下，发现里面的内容非常丰富。其中有国内外灯饰最新的一些消息，很多的读者的反馈，以及灯饰经营、销售方面的最新理念。

画 外 音：有了全国最大的灯饰基地，中山人就想做全国最大的行业报纸。《古镇灯饰》报应运而生。这份刚刚创办一年的报纸因为没有拿到全国的创刊号①，只能作为内部资料发行。（但是）它的月发行量最高能达到十五万份。

受 访 者：（古镇）有70多家货运站，能够涵盖全国各地的灯饰市场。我们就通过我们的货运站，把我们的报纸运到全国各地去，包括我们的拉萨都运到。

主 持 人：是不是说，只要有你们产品的地方，就有这份报纸？

受 访 者：可以这么说吧。这也是我们的目标。

第四部分

主 持 人：我现在是在古镇的灯饰广场，去年的11月份，这里召开了第二届国际灯饰博览会。同样是在去年，古镇被正式命名为中国灯饰之都。我身旁这一条马路就是著名的灯饰一条街，马路两旁的商店大部分都已经下班了，但是在这条繁忙的马路上，我们仍然可以看到各式各样的物流运输车辆川流不息。也许这个时候是他们最忙碌的时候了。灯饰使古镇成了一个真正的星光不夜城。

字　　幕：2002中国（古镇）国际灯饰博览会于11月8日—13日在中山市古镇镇举行。前来参展、参观、参与商务活动的人次超过50万，其中国外宾客超过1000人次。博览会期间，共签订销售合同1611宗，成交金额达人民币11亿，美元6120万，引进外资200多万美元。古镇灯饰已经销售到了全

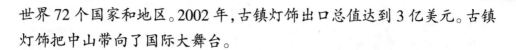

第五课　中山——灯饰之都

世界72个国家和地区。2002年，古镇灯饰出口总值达到3亿美元。古镇灯饰把中山带向了国际大舞台。

画 外 音：<u>当中山以古镇灯饰闻名于世界时，这也许是令守望在故土的孙中山先生最感欣慰的。和大多数初次来中山的游客一样，我们怀着敬仰和向往来到了位于中山市郊的孙中山故居纪念馆。</u>

受 访 者：这个建筑是建于1892年的，是由孙先生主持建造的，形式是他设计的。至今已经有119年了。

画 外 音：作为全国重点文物保护单位的中山故居，目前又被中宣部命名为爱国主义教育示范基地。每天到这里来参观的游客络绎不绝。

注　释：

① 创刊号：此处为误用。意指创办刊物应该有经主管部门批准的刊号。

中国城市名片 ◆商务篇◆

城市链接 CHENGSHI LIANJIE

中山·国际休闲服装节 以"引领休闲时尚,共创发展商机"为主题的2002年中山·国际休闲服装节暨第三届中国休闲服装博览会于10月25号至28号在中山市的沙西镇举办。中国服装界内流传着这样一句话:"休闲装看沙西"。这无疑肯定了中山沙西成为中国服装代表的首席位置。

中山·慈善万人行 慈善万人行是中山市红十字会发起的慈善募捐活动。从1988年到2003年的十六年间,每年举办一次,每次都有一个捐助主题。许多中山籍的海外乡亲也赶回来参加这次活动,为家乡的慈善事业奉献自己的力量。孙中山先生提倡的博爱精神已经成为所有中山人的精神。

中山·花园城市 经济快速发展后,中山市对城市建设也很重视。"把城市建在花园中"是他们一贯的建设理念。为了让市民生活得更舒适,中山市几乎所有的公园都是免费向市民开放的。位于城区商业中心的岐江公园当年建设时花费了将近两亿元人民币。它是利用原有的造船厂的旧址修建的主题公园。这项设计荣获美国景观设计师协会年度设计大奖。1997年中山市荣获联合国颁发的"人居奖"。

生 词

1. 慈善	(形)	císhàn	charitable; benevolent
			자선
			慈善、慈悲深い、同情心に富んでいる
2. 募捐	(动)	mùjuān	appeal for subscriptions; solicit contributions
			기부금을 모으다
			寄付金を募る、カンパする
3. 一贯	(形)	yíguàn	all along; consistent
			일관하다
			(思想 作風 政策などが)これまでずっと、一貫して

第六课
百年变迁天津港

第六课 百年变迁天津港

一、生词

1. 海疆	（名）	hǎijiāng	coastal areas and territorial seas 연해지방 沿海の領土
2. 京畿	（名）	jīngjī	capital city and its environs 수도 및 수도 주변지역 国都とその付近の地区
3. 发祥地	（名）	fāxiángdì	place of origin; birthplace 발상지 発祥地
4. 渡口	（名）	dùkǒu	ferry 나루터 渡し場
5. 淤泥	（名）	yūní	silt 진흙 （川 沼 貯水池などに）沖積した土砂
6. 滩涂	（名）	tāntú	low-lying beach land 간석지 河や海の泥砂が河口近く、または海岸付近に沈積してできた砂浜
7. 领袖	（名）	lǐngxiù	leader 지도자. 수령 領袖、指導者、リーダー
8. 视察	（动）	shìchá	inspect 시찰하다 視察する

9. 港务局		gǎngwùjú	harbor bureau
			항만 사무국
			港務局、港管理局
10. 集装箱	(名)	jízhuāngxiāng	container
			컨테이너(container)
			コンテナー、貨物運送用の容器
11. 吞吐量	(名)	tūntǔliàng	throughput capacity
			(항구의) 물동 처리량
			港の取扱量
12. 率先	(副)	shuàixiān	take the lead in doing sth.
			제일 먼저, 솔선하여
			真っ先に、率先する
13. 接轨		jiē guǐ	connect the rails
			철로를 연결하다
			軌道にのる
14. 保税区	(名)	bǎoshuìqū	bonded zone
			보세구역
			保税地域。輸入貨物を輸入税の賦課を猶予されたまま置くことのできる地域
15. 辐射	(动)	fúshè	radiate
			방사하다
			輻射する、放射する
16. 仓储	(名)	cāngchǔ	storage
			창고에 저장하다
			倉に蓄える(こと)
17. 口岸	(名)	kǒu'àn	port
			항구
			港
18. 先天	(名)	xiāntiān	congenital
			선천적

第六课　百年变迁天津港

生まれつき、生まれる前

| 19. 战略 | （名） | zhànlüè | strategy |

전략

戦略；全局面を左右する方策、大局的な方策

| 20. 泊位 | （名） | bówèi | berth |

정박 위치

停泊する位置、停泊余積地、バース

| 21. 竣工 | （动） | jùngōng | (of a project) be completed |

준공하다

落成する、竣工する

| 22. 力图 | （动） | lìtú | try hard to; strive to |

힘써…하려고 도모하다

極力…を図る、極力…しようとする

| 23. 枢纽 | （名） | shūniǔ | pivot; key position; hub |

중추

中心、中枢、主要点

二、专名

| 1. 华北平原 | | Huáběi Píngyuán | North China Plain |

화북평원(지명)

華北平原。黄河の中下流域にひろがる平野

| 2. 海河 | | Hǎi Hé | name of a river |

해하(강의 이름)

海河。市街を流れ、全長722kmで、天津にとって「母なる大河」である

| 3. 渤海湾 | | Bóhǎi Wān | Bohai Sea Gulf |

발해만

渤海湾

4. 王广荣　　　　Wáng Guǎngróng　name of a person
　　　　　　　　왕광용(인명)
　　　　　　　　〈人名〉王広栄

三、词语例释

1. 先进的信息系统的建设，使天津港真正和国际大港口接轨

连接铁路的路轨，比喻两种事物彼此衔接起来。

（1）国产车的价格要想在短时期内与国际市场接轨是极不现实的。

（2）近年我国大陆股市大跌，但希望我国大陆股市与国际股市接轨的呼声却大涨。

2. 作为国际货物大进大出的绿色通道，它已成为辐射中国北方的国际物流中心

绿色通道是海关的无申报物品通道。现在也指车站、港口、医院等的快速便捷通道，以及政府部门公务的简便办理途径。

（1）自1995年以来，各有关部委先后开通了山东寿光至北京、海南至北京、海南至上海、山东寿光至哈尔滨共四条蔬菜运输"绿色通道"。

（2）从2002年1月1日开始，广西鲜活农产品运输绿色通道延伸至四川，给柳州农民带来了更大的实惠。

四、练习

（一）选择适当词语填空：

1. 一个单位的_____要时刻关心他的下属。（领袖，领导）
2. 毛泽东是中国人民的伟大_____。（领袖，领导）
3. 中央领导今天要来我市_____。（视察，考察）
4. 我们准备下个月去沿海地区_____和学习经济发展的经验。（视察，考察）
5. 微电子技术应用人才条件好的大中型企业应_____推广应用微电子技

术。(率先,首先)

6. 我们知道,我国的经济体制改革,_____在农村取得突破性进展。(率先,首先)

7. 我们要在_____上藐视敌人,在_____上重视敌人。(战略,战术)

8. 很多国家都已经制定了21世纪的发展_____。(战略,战术)

9. 犯罪分子_____越境出逃。(力图,企图)

10. 目前政府采取了措施_____扭转不利局面。(力图,企图)

(二) 用指定词语完成句子:

1. 由于学习努力,他_____。(率先)

2. 最近中央领导_____。(视察)

3. 这座大楼_____。(竣工)

4. 该市场地理位置优越,对周边地区_____。(辐射)

5. 他正在对事情进行补救,_____。(力图)

初步视听理解
CHUBU SHITING LIJIE

一、视点提示：

天津—百年老港—建在淤泥滩上的港口

建设和发展速度—货物吞吐量—信息传输系统

保税区—国际物流中心—国际汽车城

海洋经济—南疆港区—发展目标

二、完整地看一遍录像，说一说你看到了什么。

第六课　百年变迁天津港

听说训练 TING SHUO XUNLIAN

第一部分

一、先视听一遍，然后回答问题：

1. 天津是一座什么样的城市？

2. 天津港在地域上和中国其他港口有什么不同？

3. 华北和西北地区的进出口贸易为什么主要通过天津港？

二、根据录像内容判断正误：

1. 天津市是中国最大的海疆城市。　　　　　　　　　　　　　（　　）

2. 天津港建于 19 世纪 50 年代。　　　　　　　　　　　　　　（　　）

3. 天津港的主要任务是外贸进出口。　　　　　　　　　　　　（　　）

4. 天津港这一外贸港让世界上更多的人知道了天津市。　　　　（　　）

三、再视听一遍，边听边填空：

1. 天津港是我国在_____滩涂上建设起来的_____一个国际大港口。

2. 天津港位置_____，腹地_____，华北和西北的_____进出口主要通过天津港。

3. 天津港的建设为天津的发展_____了广阔的_____，而外贸港的_____又有力地提高了天津在世界上的知名度。

四、看录像，跟读录音文本中画线的部分：

从"天津位于华北平原东北部"至"海河穿城而过，向东流入渤海"。

五、用所给的提示词语复述录音文本中画线的部分：

位于　　华北　　东北　　距离　　历史　　著名　　名城　　近代　　发祥地

109

第二部分

一、先视听一遍，然后回答问题：

1. 天津港是在哪年建成中国第一个专用集装箱码头的？
2. 改革开放以来，天津港的建设和发展又有了什么样的变化？
3. 天津港的现代化建设对天津沿海经济区起到了哪些作用？

二、根据录像内容判断正误：

1. 中国几代领导人都很关注天津港的发展。（　　）
2. 先进的信息系统建设，拉近了天津港和国际大港口的距离。（　　）
3. 近几年，天津港的进出口量位居国内港口行业的第一位。（　　）

三、再视听一遍，边听边填空：

1. 改革开放以来，天津港的建设和发展速度大大＿＿＿＿，港口＿＿＿＿建设和＿＿＿＿吞吐量一直走在全国港口的＿＿＿＿。
2. 目前，在天津港口的各个＿＿＿＿都实现了信息的＿＿＿＿。
3. 天津港的建设直接＿＿＿＿了天津沿海＿＿＿＿的建设和发展。

四、看录像，跟读录音文本中画线的部分：

从"尤其是改革开放以来"至"成为我国北方第一个亿吨大港"。

五、用所给的提示词语复述录音文本中画线的部分：

改革开放　　速度　加快　基础建设　货物吞吐量　前列

2001 年　　超过　　成为　　第一个

第六课　百年变迁天津港

第三部分

一、先视听一遍，然后回答问题：

1. 天津保税区可以办理整车进口业务吗？

2. 天津保税区离天津港远吗？

3. 天津港和世界上多少个国家和地区的多少个港口建立了业务关系？

二、根据录像内容判断正误：

1. 在中国北方没有比天津保税区规模更大的保税区了。　　　　（　　）

2. 在中国只有天津保税区可以办理整车进口业务。　　　　　　（　　）

3. 天津市近二百个行业中，大都有进出口贸易。　　　　　　　（　　）

三、再视听一遍，边听边填空：

1. 天津港是中国港口中_____联系最多、国外_____最多的港口之一。

2. 天津港是我国_____整车进口_____的四大港口之一。

3. 根据_____，天津港每(万)吨货物吞吐量就能够为 GDP_____120 万元，提供_____岗位 26 个。

四、看录像，跟读录音文本中画线的部分：

从"天津港是我国拥有整车进口资格的四大港口之一"至"这里的进口车型与国外新车型的时间差不过两到三个月"。

五、用所给的提示词语复述录音文本中画线的部分：

拥有　　资格　　之一　　由于　　优越　　位置　　进口　　新车型
时间差　　不过

第四部分

一、先视听一遍，然后回答问题：

1. 发展海洋经济的重中之重是什么？

2. 到 2010 年在港口等级上，天津港确定了一个什么样的目标？

二、根据录像内容判断正误：

1. 到 2010 年，天津港的建设和发展会有一个更大的飞跃。　　（　　）

2. 现在，天津市已经建设成为现代化国际港口大都市。　　　　（　　）

三、再视听一遍，边听边填空：

1. 从 2003 年至 2010 年，天津市将_____273 亿元_____港区十大发展项目和外部 20 项_____设施。

2. 天津市要建设成为现代化国际港口大_____，天津港_____是天津经济发展的_____。

四、看录像，跟读录音文本中画线的部分：

1. 从"从 2003 年至 2010 年"至"和外部 20 项配套设施"。

2. "天津市要建设成为现代化国际港口大都市，天津港无疑是天津经济发展的龙头。"

五、用所给的提示词语复述录音文本中画线的部分：

1. 投资　　273 亿　　实施　　发展　　20 项　　设施

2. 成为　　大都市　　无疑　　龙头

- 一、介绍一下天津市和天津港的大致情况。
- 二、谈一谈天津港的发展历史。
- 三、天津港在哪些方面处于中国港口业的领先地位？
- 四、除了天津港以外，中国还有哪些重要港口？谈谈它们的情况。
- 五、世界上有哪些著名港口？介绍一下它们的情况。

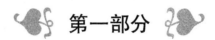

画 外 音：离开河北秦皇岛，沿海岸线向南我们来到了北方最大的海疆城市——天津。天津位于华北平原东北部，距离北京仅有120公里，自古以来就是京畿门户。天津历史悠久，是著名的历史文化名城，同时，天津又是我国近代工业的发祥地之一。海河穿城而过，向东流入渤海。

主 持 人：观众朋友，现在我们来到了海河的入海口处，前面就是海河大桥，海河就是从这里汇入了渤海湾。天津这个名字的意思就是"天子的渡口"。几百年来，天津一直是供应京城乃至整个北方地区漕运和盐运的中心。天津港呢，也是中国唯一一个建立在淤泥滩上的港口。现在，天津港已经发展成了一个现代化的国际大港口，并且成为中国北方最重要的物流中心。

字　　幕：天津水运始于汉代。1861年1月天津港正式对外通商。1952年10月天津新港正式对外开港。1952年10月17日第一艘万吨货轮进港。

画 外 音：天津港是我国在淤泥滩涂上建设起来的唯一一个国际大港口。

受 访 者：天津港是一座百年老港，也是我国唯一的建在淤泥上的港口。1950年天津（新）港开始港口建设，1952年正式开港。当时水深只有六米，只能停靠一万吨以下的船舶。在开港的一星期以后，也就是1952年的10月25日，我们伟大领袖毛主席到天津港视察。

字　　幕：1952年10月25日毛主席视察天津港。50年代中期的天津港。60年代初的天津港码头。

画 外 音：王广荣，天津港务局的宣传干部，摄影爱好者，他一直搜集着天津港的历史镜头，同时，他自己也在用镜头记录天津港的发展历程。

画 外 音：天津港建港初期主要任务是外贸运输。天津港位置优越，腹地广阔，华北和西北的外贸进出口主要通过天津港。天津作为中国北方最大的工业基地和重要的商贸、金融中心，天津港的建设为天津的发展提供了广阔的平台，而外贸港的性质又有力地提高了天津在世界上的知名度。

第二部分

字　　幕：1980年天津港建成我国第一个专用集装箱码头。1984年天津港在全国港口系统率先体制改革。1986年8月21日邓小平视察天津港。1991年7月27日江泽民视察天津港。

画 外 音：天津港独特的地理位置得到了几代领导人的重视。天津港不断地在发展、壮大。<u>尤其是改革开放以来，天津港的建设和发展速度大大加快，港口基础建设和货物吞吐量一直走在全国港口的前列。到2001年，天津港的货物吞吐量超过一亿吨，成为我国北方第一个亿吨大港。</u>

画 外 音：天津港是率先在全国港航系统建设EDI信息传输系统的港口。EDI系统是世界上先进的码头集装箱信息传输系统。信息化的建设成为这几年天津港的首要任务。

画 外 音：目前，在天津港口的各个领域都实现了信息的自动化，先进的信息系统的建设，使天津港真正和国际大港口接轨。在加快了港口吞吐能力的同时，也提升了天津作为北方物流中心的地位和影响。

画 外 音：信息化建设只是天津港现代化建设的一小部分。近年来，天津港的货物吞吐量均保持在每年1000万吨的增长水平，尤其是外贸吞吐量和出口量（分别）位居国内港口行业的第二位和第一位。天津港的建设直接推动了天津沿海经济区的建设和发展。

第三部分

主 持 人：我身后这座船型雕塑是天津保税区的标志。1991年在天津港区内天津保税区开工建设。天津保税区是我国北方规模最大的保税区。作为国际货物大进大出的绿色通道，它已成为辐射中国北方的国际物流中心。

画 外 音：天津港是中国港口中对外联系最多、国外航线最多的港口之一。它已经成为天津市对外贸易的窗口和天津滨海新区建设的龙头和基本依托。1991年天津保税区依托天津港建设而成，它是以保税仓储为基础的国际物流中心。

主 持 人：这是天津保税区里最引人注目的一幢建筑——天津保税区国际汽车城。天津保税区是国家指定的可以办理整车进口的四个口岸之一。去年，全国有三分之一的进口车就是从这里开出去的。一会儿呢，我们就进去看一看。

画 外 音：天津港是我国拥有整车进口资格的四大港口之一。由于依托天津港的优越地理位置，这里的进口车型与国外新车型的时间差不过两到三个月。

画 外 音：天津港与世界上的160多个国家和地区的300多个港口建立了业务关系。天津港保税区建设在天津港界内，具有了先天的优势。

受 访 者：保税区和港口它们的功能能够非常好地结合在一起，我得到了这个区域，同时我也得到了这个港口，这是其他保税区所没有的。

画 外 音：根据统计，天津港每（万）吨货物吞吐量就能够为GDP贡献120万元，提供就业岗位26个。2002年，与港口相关的产业创造GDP达155亿元，为30万人提供了就业机会。天津市198个行业中，在天津港进出口货物的就有186个，占94%以上。

第四部分

画 外 音： 发展海洋经济被天津市列为五大战略之首，港口的建设和发展又成为发展海洋经济的重要一环。

受 访 者： 现在我们看到对面就是南疆港区。现在南疆港区的吞吐量可以达到6000万吨。现在这个20万吨级的泊位在南疆也正在建设，也可以说现在是最大的一个码头，预计明年3月份就要竣工投产。

画 外 音： 从2003年至2010年，天津市将投资273亿元实施港区十大发展项目和外部20项配套设施。

受 访 者： 到2010年我们要把天津港建设成为（年吞吐量）2亿吨的大港，同时天津港的集装箱的吞吐量要达到1000万标箱，这是我们在港口的吞吐量方面的目标。同时我们在港口等级上也确定了目标，就是我们到2010年要把天津港建设成为一个20万吨级的深水大港。

画 外 音： 天津市要建设成为现代化国际港口大都市，天津港无疑是天津经济发展的龙头。天津市力图将天津港打造成为现代化、国际化深水大港、中国北方以及东北亚地区最大的物流和资源配置的枢纽港。港口的建设将会进一步推动天津经济的发展，为天津建设成为现代化国际港口大都市提供最有利的支持。

第七课
紫砂壶里的宜兴

第七课　紫砂壶里的宜兴

热身 RESHEN

一、生词

1. 收藏　（动）　shōucáng　　collect and store
   수집 보존하다
   （主として文化財を）収め蓄える、収蔵する

2. 重金　（名）　zhòngjīn　　huge wealth; high price
   거금. 큰 돈
   大金、多額の金銭

3. 钟爱　（动）　zhōng'ài　　love; cherish
   특별히 사랑하다
   （子供や目下の者の一人を）特にかわいがる、特に愛情を注ぐ

4. 物华天宝　　wù huá tiān bǎo　　abundant resources
   만물의 정화와 자연의 보물
   物の精華、天の宝物。とても珍しく貴重な物のたとえ

5. 接壤　（动）　jiērǎng　　border on
   인접하다
   境を接する

6. 源远流长　　yuán yuǎn liú cháng　　of long standing and well established as a stream; runs a long course from a remote source
   역사가 유구하다
   源が遠ければ流れも長くなる、歴史や伝統が長いたとえ

7. 无与伦比　　wú yǔ lún bǐ　　incomparable

비교할 수 없다
比べるものがない、比類がない

| 8. 茗茶 | （名） | míngchá | tea |

차
茶

| 9. 贡品 | （名） | gòngpǐn | articles of tribute |

조공물
貢ぎ物

| 10. 沿袭 | （动） | yánxí | follow |

답습하다
踏襲する

| 11. 一斑 | （名） | yìbān | a stripe; a streak; a part of many things |

사물의 이부분
一斑、全体の一部分

| 12. 浸泡 | （动） | jìnpào | soak |

액체 안에 담그다
液体に浸す

| 13. 历久 | （动） | lìjiǔ | last long; through or for many years |

오랜 시간을 거치다
長い間がたつ

| 14. 弥 | （副） | mí | even more |

점점 더. 더욱더
補う　満ちる　いっぱいに広がる

| 15. 承载 | （动） | chéngzài | bear the weight of |

(어떤 물체의) 무게를 견디다
重荷を受ける

| 16. 应运而生 | | yìng yùn ér shēng | emerge as the times require |

시대의 요구에 의해서 나타나다
時運に応じて生まれる

| 17. 玩赏 | （动） | wánshǎng | enjoy; take delight (pleasure) in; appreciate |

감상하다

120

第七课 紫砂壶里的宜兴

			观賞する、賞玩する
18. 津津乐道		jīnjīn lè dào	take delight in talking about
			흥미진진하게 이야기하다
			とくとくしゃべる、ほめたたえる
19. 千锤百炼		qiān chuí bǎi liàn	be highly finished
			(작품 등을) 반복하여 퇴고하거나 수정하다
			非常に鍛練すること,(喩)強い錬磨と多くの経験を積むこと
20. 陈腐	（形）	chénfǔ	old and decayed
			낡고 썩다
			陳腐である、古くさい
21. 捶打	（动）	chuídǎ	beat
			주먹이나 기물로 물체를 치다
			こぶしや槌などで打つ、たたく
22. 胚	（名）	pēi	semi finished product
			반제품
			胚、まだ仕上げ加工のすまないもの
23. 巧夺天工		qiǎo duó tiān gōng	wonderful article excelling nature
			인공적으로 만든 것이 자연적으로 만들어진 것보다 뛰어나다.[비유] 기술이 훌륭하다. 기교가 뛰어나다
			技工の巧みさが天栄をしのぐほどである
24. 趋之若鹜		qū zhī ruò wù	go run mad about (after, for, on) sth. like a duck; scramble for sth.
			많은 사람이 다투어 간다
			(アヒルが群れをなして集まってくるように)わんさと押しかける、殺到する(よくないことについて言うことが多い)
25. 风行	（动）	fēngxíng	be in popular; prevail

유행하다
流行する、はやる

| 26. 大噪 | (动) | dàzào | become well known |

(명성 등이 한때) 떠들썩거리다
(大勢の人が)騒ぐ、宣伝する

| 27. 把玩 | (动) | bǎwán | appreciate |

(손에) 잡고 즐겨 구경하다
手にとって鑑賞する、愛玩する

| 28. 连城 | (形) | liánchéng | very valuable |

귀중하다
趙の恵文王の所蔵していた和氏璧を秦の昭王が十五の城と交換したいそうだ。転じて、またとない宝物の喩え

| 29. 天时 | (名) | tiānshí | good opportunity |

하늘로부터 받은 좋은 기회
天候、気候条件；時機、機会

| 30. 地利 | (名) | dìlì | favorable geographical location |

유리한 지형
地の利、地勢上の有利さ

| 31. 人和 | (名) | rénhé | support from the people |

사람의 화합
人の和、仲間がいい

| 32. 俨然 | (副) | yǎnrán | just like |

흡사. …같다
いかめしくて厳かなさま；整然としている

| 33. 表述 | (动) | biǎoshù | explain; state |

서술하다
説明する、述べる

| 34. 恬淡 | (形) | tiándàn | indifferent to fame or gain |

사리사욕이 없다

第七课　紫砂壶里的宜兴

恬淡、あっさりしていて無欲である

| 35. 章回 | （名） | zhānghuí | story |

장회소설

中国長編小説のスタイル、全作品を回に分け、各回に標題がついている

| 36. 意趣 | （名） | yìqù | interest and charm |

흥미와 취향

興趣、味わい、情趣

二、专名

| 1. 阳羡 | | Yángxiàn | name of a place |

양선(지명)

江蘇宜興出産の茶の異称。陽羨は宜興の旧名である

| 2. 苏 | | Sū | another name for Jiangsu Province |

소(강소성의 줄임말)

江蘇省の略称

| 3. 浙 | | Zhè | another name for Zhejiang Province |

절(절강성의 줄임말)

浙江省の略称

| 4. 文徵明 | | Wén Zhēngmíng | name of a person |

문징명(명나라 사람)

〈人名〉文徵明

三、词语例释

1. 物华天宝、人杰地灵的宜兴古称阳羡

意思是物产丰富、人才辈出。

（1）江西被称为"物华天宝、人杰地灵"，在这片神奇的红土地上，有着不凡的光彩。

（2）"物华天宝、人杰地灵"是参加"2002发现山东新魅力考察团"的台湾旅行商对山东的一致评价。

2. 宜兴发达的茶文化可见一斑

语出"管中窥豹,可见一斑",比喻从观察到的部分,可以推测全貌。

（1）本场比赛中国队还吃到三张黄牌,队员的急躁情绪由此可见一斑。

（2）仅在一年前,这位影星还需借助翻译与海外媒体交流,但这次,她独自用英语畅谈新片,近年所下的苦功可见一斑。

3. 紫砂壶的工艺化让文人墨客趋之若鹜

像鸭子一样成群地跑过去,比喻许多人争着去追逐不好的事物。但近年来在用法上有从贬义变成中性甚至褒义的趋向。

（1）如此巨大的市场让许多不具经营资质的人垂涎欲滴,趋之若鹜。

（2）香港电影节使许多影迷趋之若鹜的重要理由是:它几乎可以搜集到上年度所有最值得一看的电影,只有你想不到的,没有你看不到的。

4. 我手里的这把紫砂茶壶看似普通,但实际上它却是价值连城

"价值连城"一语出自《史记·廉颇蔺相如列传》。战国时赵惠文王得到了楚国的和氏璧,秦昭王为了取得和氏璧,愿用十五座城来换取。后来用"价值连城"形容物品珍贵、价值极高。

（1）八十多件价值连城的青铜珍品国庆期间将在广州展出。

（2）加里·佩顿全场只得到了三分,但却价值连城。终场前56秒,他的远射让热队取得97比90的领先,基本锁定胜局。

5. 可以说我占有天时、地利、人和

出自《孟子》"天时不如地利,地利不如人和"。分别指有利的社会历史条件、地理位置条件和人际关系条件。

（1）按照中国传统说法,当天时、地利、人和都具备时,必然会有一个好的结果。

（2）古人讲天时、地利、人和是决定战争胜负的三大要素,实际上是要我们对现实情况进行客观分析,以保证决策的正确性,以最有效的方式赢得成功。

四、练习

(一) 选择适当词语填空：

1. 这件瓷器具有极高的_____价值。(收藏,收集)

2. 这本文集_____了他各个时期的文章近百篇。(收藏,收集)

3. 这些瓷器是进献给朝廷的_____。(供品,贡品)

4. 神像前摆满了各种各样的_____。(供品,贡品)

5. 他家的房屋经过几十年的风雨,已显得十分_____。(陈腐,陈旧)

6. 这个学校虽然名义上隶属革命政府,却仍因袭旧军阀部队_____的作风,采取封建专制的管理方法,要求学生绝对盲从,没有一点革命气氛。(陈腐,陈旧)

7. 海尔公司的管理经验在短时期内就_____全国。(风行,流行)

8. 通俗歌曲常常在_____一段时间后就销声匿迹了。(风行,流行)

(二) 用指定词语完成句子：

1. 这个博物馆_____。(收藏)

2.《三国演义》里的许多故事_____。(津津乐道)

3. 博物馆里的艺术品_____。(巧夺天工)

4. 他虽是客人,却事事指手画脚,_____。(俨然)

初步视听理解
CHUBU SHITING LIJIE

一、视点提示：

宜兴—陶的古都—紫砂壶

茶文化—阳羡茶—紫砂茶具—
紫砂工艺品

紫砂壶制作工艺—龙窑—紫砂壶的魅力

紫砂工艺美术师—徐老—陶工—致富

二、完整地看一遍录像，说一说你看到了什么。

第七课　紫砂壶里的宜兴

听说训练 TING SHUO XUNLIAN

第一部分

一、先视听一遍，然后回答问题：

1. 从哪些方面可以说明宜兴的紫砂壶特别珍贵？

2. 宜兴的陶文化已经有多少年的历史了？

二、根据录像内容判断正误：

1. 宜兴人都爱喝茶，所以家家都有紫砂茶壶。　　　　　　　　（　　）

2. 在众多的宜兴陶瓷艺术品中，要数紫砂茶壶最有名。　　　　（　　）

第二部分

一、先视听一遍，然后回答问题：

1. 为什么说宜兴的茶文化历史悠久？

2. 开始人们把茶是当做什么来饮用的？后来呢？

3. 宜兴的紫砂壶除了可以用来泡茶，还可以用来做什么？

二、根据录像内容判断正误：

1. 宜兴的茶文化是从明朝开始兴盛起来的。　　　　　　　　　（　　）

2. 在宜兴最有名的茶是阳羡茶。　　　　　　　　　　　　　　（　　）

3. 在宜兴，先有茶，后有紫砂茶具。　　　　　　　　　　　　（　　）

三、再视听一遍，边听边填空：

1. 从_____至今的各色茶具以及_____细致的文章中，宜兴_____的茶文化可见一斑。

2. 上天_____宜兴就是要这里的土_____这里的茶，这里的茶_____这里的土。

3. 随着人们对茶加工的_____成熟，紫砂壶的作用也由以前的煮水煮茶_____变成了人们手中_____的工艺品。

四、看录像，跟读录音文本中画线的部分：

从"随着人们对茶加工的日趋成熟"至"更有收藏玩赏的价值"。

五、用所给的提示词语复述录音文本中画线的部分：

随着　　日趋　　作用　　以前　　玩赏　　紫砂　　不仅……更……
收藏　　价值

第三部分

一、先视听一遍，然后回答问题：

1. 制作一把小小的紫砂茶壶容易吗？

2. 宜兴人现在是用什么方法烧制紫砂产品的？

3. "宜兴紫砂，寸土寸金"，这句话是什么意思？

二、根据录像内容判断正误：

1. 古代的文人墨客写了许多关于紫砂壶的文章。　　　　　　（　　）

2. 宜兴紫砂壶的造型大都一样。　　　　　　　　　　　　　（　　）

3. 在宜兴有的紫砂壶是用金钱买不到的。　　　　　　　　　（　　）

三、再视听一遍，边听边填空：

1. 小小的紫砂壶，制作却可谓是_____。

2. 古龙窑不仅在_____着历史，更在_____着陶都人的_____。

3. 紫砂壶的工艺化让_____墨客趋之若鹜，于是_____壶的各色文章便_____于天下。

四、看录像，跟读录音文本中画线的部分：

从"我手里的这把紫砂茶壶看似普通"至"而宜兴源远流长的历史文化背景又赋予了紫砂茶壶独特的魅力"。

五、用所给的提示词语复述录音文本中画线的部分：

看似　　实际　　自古　　寸土寸金　　独特　　孕育　　文化　　背景
赋予　　魅力

第四部分

一、先视听一遍，然后回答问题：

1. 宜兴的陶艺在中国当代工艺美术界占有什么样的位置？
2. 徐老的宅院是普通的宅院吗？

二、根据录像内容判断正误：

1. 宜兴的紫砂手艺后继有人。　　　　　　　　　　　　　　（　　）
2. 宜兴的经济发展带来了紫砂工艺的发展。　　　　　　　　（　　）

三、再视听一遍，边听边填空：

1. 宜兴的陶艺数百年来名人_____，巧夺天工的手艺代代_____。
2. 徐老的_____如今俨然是一个_____种类繁多的紫砂_____。

四、看录像，跟读录音文本中画线的部分：

从"徐老的宅院如今俨然是一个收藏种类繁多的紫砂博物馆"至"给爱好紫砂文化的人们一个学习和实践的最好场所"。

五、用所给的提示词语复述录音文本中画线的部分：

宅院　　收藏　　博物馆　　除了……还……　　制作　　教授　　学习
实践　　场所

大家谈 DAJIA TAN

一、谈到宜兴,你会给大家介绍哪些情况?

二、说说宜兴紫砂壶与茶之间的关系。

三、你去过陶吧吗?做过陶艺吗?介绍一下紫砂壶的制作工艺。

四、你用过紫砂壶吗?你还喜欢哪些手工艺品?

录音文本 LUYIN WENBEN

第一部分

第七课　紫砂壶里的宜兴

主持人甲： 观众朋友，大家好。我是山东电视台主持人丽鸣。今天我给大家介绍一位朋友，她就是我身旁的这位宜兴电视台的节目主持人宗映。

主持人乙： 电视机前的观众朋友，大家好。欢迎来到我们宜兴做客。丽鸣，你在来我们宜兴之前对宜兴有了解吗？

主持人甲： 我在来宜兴之前，对宜兴的了解不是太多，我只知道宜兴的紫砂壶特别有名。

主持人乙： 的确是这样。我们宜兴被誉为是陶的古都，紫砂壶是特别特别的有名，许多大师级的作品更是被海内外的收藏家重金来收购，可以说比黄金还珍贵呢。

主持人甲： 在宜兴会不会是人手一把自己钟爱的紫砂壶？哎，你有没有啊？

主持人乙： 我呢，不太爱喝茶，但是我们家的确有好几把紫砂壶。我们呢，不是把它们作为日常的生活用品，而是把它作为一件艺术品来欣赏。

主持人甲： 噢，是这样的。我在来宜兴之前就想象着在宜兴可能是家家都有紫砂壶，人手一把紫砂壶。那宜兴的城市名片到底是什么呢？我们来听一听宜兴人是怎么说的。

主持人乙： 好。

受 访 者： 我认为最具特色的应该是紫砂，因为我吃这行饭的。

受 访 者： 应该说名片就是陶瓷，这个陶瓷就是宜兴的名片，这个是毫无疑问的。

主 持 人： 我们宜兴最具有特色的是什么呢？

受 访 者： 紫砂茶壶。

字　　幕： 物华天宝、人杰地灵的宜兴古称阳羡，是苏、浙、皖三省接壤地区重要的商贸服务中心，地理条件优越，物产和自然资源十分丰富。宜兴陶文化源远流长，五千多年来，勤劳智慧的宜兴人创造了灿烂的陶文化和无与伦比的陶瓷艺术，使被称作"东方明珠"的陶瓷名传天下。

第二部分

字　　幕： 从茶说起。

画 外 音： 宜兴有悠久的茶文化,自古也是因茶而为天下所知。这里的茶文化盛于唐朝,兴于明朝,宜兴的各色茗茶一直是(进献)朝廷的贡品。明四大家①之一的文徵明就曾经在《是夜酌泉试宜兴吴大本所寄茶》里以"白绢旋开阳羡月"来形容这里的阳羡团茶。从沿袭至今的各色茶具以及描写细致的文章中,宜兴发达的茶文化可见一斑。茶起始是作为药用的,有解毒益思的作用,而后来则成为我们修身养性的佳品。茶文化在宜兴还有更深远的延续,那就是紫砂茶具。

主 持 人： 在宜兴做客呢,主人首先就会奉上一杯阳羡茶,阳羡茶历史悠久,在唐代就是贡品。曾经有首诗是这样说的:"君子须尝阳羡茶,百草未敢先开花。"宜兴人喝茶是特别的讲究,他们泡茶喜欢用本地特有的紫砂茶具。

字　　幕： 读紫砂壶。

画 外 音： 宜兴的茶和这里悠久的文化,如今都浸泡在这五色泥土烧制的小壶里,历久弥香。上天造就宜兴就是要这里的土承载这里的茶,这里的茶滋润这里的土。此生彼生,生生不息。

受 访 者： 宜兴紫砂历史的时间和陶瓷历史的时间是很长的,可以说有四五千年了吧,新石器时代就有了。那么由于宜兴它有了陶瓷的基础,再加上宜兴有茶文化,又出茶叶,茶叶的历史也很辉煌,所以由这两个放在一起,是从沏泡茶开始以后,那么宜兴紫砂茶壶就应运而生了。

画 外 音： 随着人们对茶加工的日趋成熟,紫砂壶的作用也由以前的煮水煮茶工具变成了人们手中玩赏的工艺品。这器物的升华,就是如今我们所见到的宜兴紫砂。这样的紫砂不仅仅有品茗煮水的作用,更有收藏玩赏的价值。这壶中诞生的历史和文化一直是宜兴人所津津乐道的。

第三部分

画 外 音： 小小的紫砂壶,制作却可谓是千锤百炼。首先是选矿开采,然后是数月甚至数年之久的陈腐过程,期间还要研磨生泥,再经反复捶打才可制胚。各色的泥土混合,经过工艺大师们巧夺天工(的加工),最后方可入窑烧炼。

主 持 人： 现在我们看到的这个窑呢,非常的长,就像是一条龙伏卧在这个地方,所以人们把它称为是龙窑。至今宜兴人仍然在使用这个有四百多年历史的老龙窑,用最原始的方法、传统的工艺在烧制着陶瓷产品和紫砂。

画 外 音： 薪尽火传,古龙窑不仅在诉说着历史,更在延续着陶都人的辉煌。

画 外 音： 紫砂壶的工艺化让文人墨客趋之若鹜,于是描写壶的各色文章便风行于天下。紫砂也借此名声大噪,成为许多人手中把玩的珍品。造型更是各具特色,丰富多彩。

主 持 人： <u>我手里的这把紫砂茶壶看似普通,但实际上它却是价值连城。在宜兴自古就有这样一句话:宜兴紫砂,寸土寸金。独特的地理位置孕育出了紫砂茶壶,而宜兴源远流长的历史文化背景又赋予了紫砂茶壶独特的魅力。</u>

第四部分

字 幕： 紫砂壶,宜兴人。

画 外 音： 宜兴的陶艺数百年来名人辈出,巧夺天工的手艺代代相传。在中国的当代工艺美术师中,宜兴陶瓷就占7席。这蓬勃发展的紫砂工艺,也给宜兴的经济带来前所未有的繁荣景象。

受 访 者： 感谢我的父母把我生在了宜兴。为什么呢?让我接触到了紫砂这种东西,可以说我占有天时、地利、人和。现在经济都在发展,因为好多一批收藏家都在收藏这种东西,可以说人们都富裕了,我们也靠这一行——紫砂这一行,也在富裕起来。

受 访 者： 就宜兴来说,我们有两万多陶工,两万多陶工都是在紫砂上面寻找他们的需要,也取得了很好的经济效益。

画 外 音：<u>徐老的宅院如今俨然是一个收藏种类繁多的紫砂博物馆。除了自己的制作和收藏，徐老还在家中教授学生，给爱好紫砂文化的人们一个学习和实践的最好场所。</u>

受 访 者：现在呢，我老是这样表述，就是我们的紫砂给了我们名，给了我们利，我们对紫砂应该有个回报，所以我现在这么想，也在这么做，就是把紫砂文化这一块，能够尽量地把自己该做的事去做好。

画 外 音：紫砂壶里的宜兴小巧而恬淡，烟雨江南，柔情似水，吟不完的阳羡乐章，流不尽的岁月章回，这般风风雅雅，以至人生意趣，也全在壶中。

注　释：

① 明四大家：明代中期四位著名的画家，即沈周、文徵明、唐寅和仇(qiú)英。

第七课　紫砂壶里的宜兴

城市链接 CHENGSHI LIANJIE

宜兴·青瓷　宜兴盛产陶瓷，5000多年的陶文化源远流长，紫砂陶、精陶、均陶、彩陶、青瓷五朵金花各放异彩。件件绚丽多姿、巧夺天工的陶艺作品，是宜兴陶文化的缩影。如今，宜兴陶瓷产品已经应用到社会生活的各个领域。而青瓷是陶都宜兴五朵金花之一，在商周时期就已出现，那时的原始青瓷就有装饰精美的印文。而今天的青瓷更是从古出新，种类繁多。

宜兴·均陶、彩陶　除了宜兴的青瓷，这里还有早在宋朝就已经成为贡品的均釉陶器。在今天工艺美术大师手中的均陶，又已经大放异彩，延伸出了堆花等陶瓷艺术门类。与均陶并称的还有彩陶，彩陶产品以精湛的制作工艺、变幻的造型装饰、浓厚的民族文化风格和强烈的时代气息，在陶都独树一帜，是当代艺术陶瓷的代表之一。

宜兴·精陶　精陶是60年代发展起来的一个新品种，它集陶和瓷的优点于一体，以生产日用器皿为主。产品色彩艳丽，坚韧耐用。宜兴的陶瓷产业源远流长，6000年的陶瓷文化使陶都宜兴的美誉驰名中外。

生　词

1. 独树一帜　　dú shù yí zhì　　fly one's own colors; develop a school of one's own
   독자적으로 한 파(派)를 형성하다
   別に一派をなす

2. 器皿　（名）　qìmǐn　　ware
   그릇
   日常の容器の総称、入れ物、器

第八课

云南瑞丽——珠宝之城

第八课 云南瑞丽——珠宝之城

一、生词

1. 热带雨林		rèdài yǔlín	tropical rainforest 열대우림 熱帯雨林
2. 边贸	（名）	biānmào	border trade; frontier trade 국경무역 辺境で行われる貿易
3. 兴隆	（形）	xīnglóng	prosperous; brisk; flourishing; thriving 번창하다. 흥성하다 盛んである、隆盛である
4. 荟萃	（动）	huìcuì	(of distinguished people or exquisite objects) gather together; assemble (우수한 인물이나 정교한 물건 등이) 모이다 (えり抜きの人物や品物が)1か所に集まる
5. 翡翠	（名）	fěicuì	jadeite 비취 ひすい
6. 挂件	（名）	guàjiàn	pendant; ornament hanging on the wall or one's clothes (벽이나 목 또는 다른 물체에 걸어 두는) 장식품. 걸이용 장식품 壁などにかけた飾り物やアクセサリー
7. 慕名		mù míng	admiration for others' reputation; out of admiration for a famous person

			명성을 흠모하다
			人の盛名をしたうこと
8. 鉴别	（动）	jiànbié	distinguish; differentiate; discriminate
			감별하다
			鑑別する、識別する
9. 通透	（形）	tōngtòu	diaphanous; transparent
			훤하게 꿰뚫다
			きらきらして透明である
10. 眼界	（名）	yǎnjiè	field of vision; outlook
			시야
			視野、見聞
11. 琳琅满目		línláng mǎn mù	a superb collection of beautiful things; be a feast for the eyes
			아름다운 옥이 눈에 가득하다
			すばらしいものが数多くあるさま（書籍や美術品についていうことが多い）
12. 手镯	（名）	shǒuzhuó	bracelet
			팔찌
			腕輪、ブレスレット
13. 掂	（动）	diān	weigh in the hand
			손대중하다
			手の平に物をのせて上下に動かしながら重さを量る
14. 纯正	（形）	chúnzhèng	pure; unadulterated
			순수하다
			純粋である、混じりけがない；汚れていない
15. 久而久之		jiǔ ér jiǔ zhī	as time passes
			오랜 시간이 지나다
			長く続けると、だんだんに

16. 时下	（名）	shíxià	nowadays	
			지금. 현재	
			時下、目下、いま	
17. 玛瑙	（名）	mǎnǎo	agate	
			마노	
			瑪瑙	
18. 目眩神迷		mù xuàn shén mí	be intoxicated with; revel in	
			눈앞이 아찔하고 정신이 혼미하다	
			目がくらんで神経がはっきりしない、まぶしくて心がひかれる	
19. 淘宝		táo bǎo	rush for profit	
			보물을 찾아내다	
			宝物を採集する	
20. 无暇	（动）	wúxiá	have no time to; too busy	
			틈이 없다	
			暇がない、いとまがない	
21. 中意		zhòng yì	be to one's liking; catch (take) one's fancy; meet with one's wishes	
			마음에 들다	
			気に入る	
22. 鹅卵石	（名）	éluǎnshí	oval-shaped pebble	
			조약돌	
			卵円形の石	
23. 手链	（名）	shǒuliàn	bracelet	
			팔찌	
			腕輪、ブレスレット	

二、专名

1. 莫莉瀑布　　　　Mòlì Pùbù　　　the Moli Waterfall
　　　　　　　　　　　　　　　　　막리폭포

		莫莉滝。滝の名前
2. 缅甸	Miǎndiàn	Burma
		미얀마(Myanmar)
		ビルマ
3. 景颇族	Jǐngpōzú	name of a minority group
		경파족(景頗族). [중국 운남성(雲南省) 지역에 거주하는 소수 민족 중 하나]
		チンポー族。チベット系の山岳少数民族で、主に雲南省に居住する
4. 如意昌	Rúyìchāng	name of a store
		여의창(가게 이름)
		如意昌。店の名前
5. 古生代	Gǔshēngdài	the Paleozoic Era
		고생대
		古生代
6. 勐巴娜西	Měngbānàxī	name of a place
		맹파나서(가게 이름)
		勐巴娜西

三、词语例释

1. 同时瑞丽还是一座购物天堂

比喻幸福美好的生活环境或极适宜做某种事情的地方。

（1）香港是国际上公认的购物天堂。

（2）苏州和杭州有"人间天堂"的美誉。

2. 从大的玉桌、玉凳，还有玉茶具、摆设品，到小的挂件、配饰，应有尽有

应该有的全都有了，表示一切齐备。

（1）这个超市购物方便，各种商品应有尽有。

（2）他的家里各种家用电器应有尽有。

3. 久而久之，这里形成了大规模的交易市场

经过了相当长的时间。

（1）遇到困难是常有的事，关键是遇到以后你要想方设法排除它，久而久之，你的经验就多了。

（2）虽然任重道远，可是不断努力去做，久而久之，终究会达到预定的目标。

四、练习

（一）选择适当词语填空：

1. 这届大会群英_____，水平极高。（云集，荟萃）

2. 这次比赛_____了世界各国的高手。（云集，荟萃）

3. 一般人用肉眼_____假币是很困难的。（鉴别，鉴定）

4. 专家_____认为，这项研究居国内外领先水平。（鉴别，鉴定）

5. 前几天听说通了飞机，他就嚷着要坐，说是想到大地方开开_____。（眼界，视野）

6. 这所房子的_____很开阔。（眼界，视野）

7. 这是_____的德国啤酒。（纯正，纯洁）

8. 白色是_____的象征。（纯正，纯洁）

9. 不要只考虑_____利益，要有长远打算。（时下，眼前）

10. _____最时髦的事情是学开车。（时下，眼前）

（二）用指定词语完成句子：

1. 他能说_____。（纯正）

2. 他经常撒谎，_____。（久而久之）

3. 他最近忙着考试，_____。（无暇）

4. 他已经过了三十岁，_____。（中意）

5. 学校图书馆藏书丰富，_____。（应有尽有）

初步视听理解
CHUBU SHITING LIJIE

一、视点提示：

云南—瑞丽—东方珠宝城

珠宝一条街—玉器精品—珠宝加工市场—赌石

树化玉—形成—水胆玛瑙

淘宝—红宝石—手链

二、完整地看一遍录像，说一说你看到了什么。

第八课　云南瑞丽——珠宝之城

听说训练 TING SHUO XUNLIAN

第一部分

一、先视听一遍，然后回答问题：

1. 中国有几大珠宝集散地？

2. 在瑞丽主要交易的是什么珠宝？

3. 瑞丽市为什么要在国家工商总局注册"东方珠宝城"商标？

二、根据录像内容判断正误：

1. 瑞丽是紧靠中国西南边境线有名的贸易城市。　　　　　　（　　）

2. 去瑞丽可以购买珠宝，还可以观赏少数民族风情。　　　　（　　）

3. 瑞丽吸引了世界各地的珠宝批发商。　　　　　　　　　　（　　）

三、再视听一遍，边听边填空：

1. 瑞丽历史_____，文化_____，风光_____，民风_____。

2. 瑞丽是中国四大珠宝_____之一，是世界上翡翠交易最繁荣、最具_____的城市。

3. 全国各地的_____都经常到瑞丽来进行珠宝_____。

四、看录像，跟读录音文本中画线的部分：

从"瑞丽历史悠久"至"是世界上翡翠交易最繁荣、最具代表性的城市"。

五、用所给的提示词语复述录音文本中画线的部分：

悠久　灿烂　秀丽　淳朴　紧邻　兴隆　向往　集散地

翡翠　繁荣　代表性

第二部分

一、先视听一遍，然后回答问题：

1. 在瑞丽的珠宝一条街上会买到假玉器吗？

2. 珠宝加工店可以加工什么样的玉器品种？

3. 玉的原材料叫什么？

二、根据录像内容判断正误：

1. 在瑞丽珠宝一条街上销售的玉器在别的城市也能见到。（　　）

2. 在瑞丽的一个珠宝加工市场上就有上百家珠宝加工店。（　　）

3. "赌石"里面不见得是纯正的玉石。（　　）

三、再视听一遍，边听边填空：

1. 在这里玉器的_____区都有专门的_____管理部门。

2. 走在这里的珠宝街上真是大开_____，琳琅满目的玉器_____是我们平时很少能够见到的。

3. 我们走进一家台湾_____的玉器店里，店主热情地给我们拿出他_____了多年的玉器精品。

四、看录像，跟读录音文本中画线的部分：

从"走在这里的珠宝街上真是大开眼界"至"店主热情地给我们拿出他珍藏了多年的玉器精品"。

五、用所给的提示词语复述录音文本中画线的部分：

珠宝街　　大开眼界　　琳琅满目　　平时　　走进　　玉器店　　热情　　珍藏　　精品

第三部分

一、先视听一遍，然后回答问题：

　　1. 树化玉是在什么条件下形成的？

　　2. 水胆玛瑙有哪些奇特的地方？

二、根据录像内容判断正误：

　　1. 树化玉是由树木经过两亿多年形成的玉石。　　　　　　　　（　　）

　　2. 玛瑙的硬度没有玻璃高。　　　　　　　　　　　　　　　　（　　）

　　3. 树化玉毛料的原貌非常壮观，一般不需要加工。　　　　　　（　　）

三、再视听一遍，边听边填空：

　　1. 树化玉是地质学所称硅化木中的_____，是大自然_____给人类的远古_____。

　　2. 由于树化玉毛料的外形很_____，所以人们一般尽量_____它的原貌，不做大的_____。

四、看录像，跟读录音文本中画线的部分：

　　从"而时下最流行的还要算是由树木化成碧色美玉的林石"至"并且树化玉具有极高的审美价值"。

五、用所给的提示词语复述录音文本中画线的部分：

　　流行　　由……　　林石　　俗称　　奉献　　瑰宝　　光彩　　神秘

　　价值　　具有

第四部分

一、先视听一遍，然后回答问题：

1. 去瑞丽最大的吸引力在哪儿？

2. 淘宝中最多的能淘到什么颜色的宝石？

二、根据录像内容判断正误：

1. 瑞丽的淘宝场建在清澈见底的小河旁。（　　）

2. 在瑞丽淘宝是一件非常困难的事情。（　　）

3. 淘到的宝石可以直接做成精美的手链。（　　）

三、再视听一遍，边听边填空：

1. 为了淘出更好的宝石，我们还是请来_____人员做_____。

2. 其实在这里淘宝还是很容易的，不到一个小时的_____，我们就大有_____。

3. 依托边贸_____，珠宝生意已具有相当_____的瑞丽，正极力_____珠宝城这张名片。

四、看录像，跟读录音文本中画线的部分：

从"在这条环境优美、水质清澈的小河旁"至"所以淘宝相对容易一些"。

五、用所给的提示词语复述录音文本中画线的部分：

优美　　清澈　　无暇　　欣赏　　景致　　专心致志　　中意　　由于

游客　　容易

第八课 云南瑞丽——珠宝之城

大家谈
DAJIA TAN

一、谈到瑞丽,你会给大家介绍哪些情况?
二、说一说瑞丽都有哪些珠宝。
三、为什么说瑞丽是东方珠宝城?
四、谈一谈你所了解的有关珠宝的情况。

录音文本 LUYIN WENBEN

第一部分

主 持 人：你好,观众朋友。又是一个清新的早晨,安冉在云南瑞丽祝大家今天工作好、心情好。瑞丽有看不尽的风光、赏不尽的风情,欢迎您来到瑞丽。

受 访 者：热带雨林,比如说,莫莉瀑布那边风景很好。

受 访 者：瑞丽口岸比较多。

受 访 者：第一样是珠宝,第二就是边境旅游线,第三是民族特色、民族风情。

受 访 者：江边广场。

受 访 者：珠宝还好,还便宜。这边比缅甸那边还便宜。

主 持 人：瑞丽,作为中国西南边陲的一座贸易名城,不仅拥有迷人的热带雨林风光,同时还拥有景颇族、傣族等少数民族风情,同时瑞丽还是一座购物天堂——东方珠宝城。

画 外 音：瑞丽历史悠久,文化灿烂,风光秀丽,民风淳朴。由于紧邻缅甸,这里更是边贸兴隆,珠宝荟萃,是一个人人向往的地方。瑞丽是中国四大珠宝集散地之一,是世界上翡翠交易最繁荣、最具代表性的城市。如今瑞丽市在国家工商总局成功注册了"东方珠宝城"商标,提出和实施了发展珠宝产业、全力打造东方珠宝城品牌的战略措施。全国各地的批发商都经常到瑞丽来进行珠宝生意。

第二部分

受 访 者：我们到这儿来旅游的,买点儿缅甸玉,买点儿挂件,我们慕名而来的。

主 持 人：感觉这儿的珠宝怎么样?

受 访 者：很好。

画 外 音：珠宝一条街是专门销售玉器小挂件的。在这里玉器的销售区都有专门的鉴别管理部门。

受 访 者：这个真的它的通透性、密度就比较高,很亮丽,声音如果敲起来很清脆;那么这个假的呢,也有通透性,但是它灌胶、注胶以后,增加了它的通透性。

第八课　云南瑞丽——珠宝之城

画 外 音：走在这里的珠宝街上真是大开眼界,琳琅满目的玉器珍品是我们平时很少能够见到的。

画 外 音：我们走进一家台湾商人的玉器店里,店主热情地给我们拿出他珍藏了多年的玉器精品。

主 持 人：刚才如意昌的主人非常慎重地从保险箱里取出了两样东西,拿到我手上一看,就是这两只手镯。据说它是无价的,掂在手上很沉,真的,我觉得大开眼界了。

画 外 音：在瑞丽,您可以按自己的意图找人加工玉器,这样就逐渐发展起玉器加工产业,并形成了相当规模。

主 持 人：现在我来到了瑞丽的一个珠宝加工市场,这儿有大大小小的珠宝加工店几百家。他们大都是因材施工,加工的品种非常多,从大的玉桌、玉凳,还有玉茶具、摆设品,到小的挂件、配饰,应有尽有。现在我看到几乎所有的加工店里都有这个雕刻机、雕钻机,而且这个声音都非常响,看来这儿的生意真的是非常红火。

画 外 音：玉的原材料叫毛料,其实相对于成品玉是很便宜的,但不是人人都会挑选。

主 持 人：你看到我身边的这块石头了吗?专家认定这是一块玉石。那大家都把它称为"赌石"。因为它没有打开,不知道里面到底是一块纯正的玉石呢,还是普通的石头,所以像这种石头就把它称为赌石,就是赌博的"赌"。

画 外 音：每天早上,来自东南亚各地的珠宝商人都会聚集到瑞丽的姐告开发区来买玉的毛料。久而久之,这里形成了大规模的交易市场。

第三部分

主 持 人：通常大家都知道石头可以形成玉石,实际上树木也可以形成玉石。在中缅边境就盛产一种树化玉,这种树化玉形成于两亿多年前的古生代。现在我们来到了勐巴娜西珍奇园,这里就收藏了许许多多的树化玉。

画 外 音：而时下最流行的还要算是由树木化成碧色美玉的林石,民间俗称树化玉。树化玉是地质学所称硅化木中的极品，是大自然奉献给人类的远古瑰宝。它光彩夺目，神秘莫测，价值不菲，并且树化玉具有极高的审美价值。

受 访 者：这个树化玉要经过两亿多年才能形成，它形成的条件主要是高压、低温、缺氧。不同的树种形成不同的颜色，另外它形成的地理条件不同，所以有些质量就有区别。

画 外 音：在勐巴娜西珍奇园里收藏的还有水晶、翡翠和玛瑙等等，让人目眩神迷，给人以视觉享受。

主 持 人：这就是一块水胆玛瑙。玛瑙的中心有一滴水珠，这是因为这块石头形成的过程当中一滴水被包在里面了。你看像玻璃的硬度有3度，而玛瑙是7度，所以这滴水珠永远都会呆在里面，非常好看。

画 外 音：由于树化玉毛料的外形很壮观，所以人们一般尽量保持它的原貌，不做大的加工。

第四部分

主 持 人：瑞丽之所以被称为珠宝城呢，它的魅力不仅在于可以选宝、赏宝、买宝，它更大的吸引力在于这儿还能淘宝。现在我就来到了一个淘宝场，据说在这儿有很多的宝石。

画 外 音：在这条环境优美、水质清澈的小河旁，人们似乎无暇欣赏这里的景致，都专心致志地在河底淘自己中意的宝石。由于今天来这儿的游客不是太多，所以淘宝相对容易一些。

画 外 音：为了淘出更好的宝石，我们还是请来专业人员做指导。

受 访 者：首先要把上面的大点的鹅卵石扒掉，然后下面的这一层(会有宝石)。

主 持 人：稍微细一点的沙？

受 访 者：对。这就是宝石。

主 持 人：红色的，是吧？

第八课　云南瑞丽——珠宝之城

受 访 者：对,红色的。

主 持 人：大的不多,基本上都是小的。

受 访 者：对。大的不容易淘到。

主 持 人：这就是我们刚刚淘出来的红宝石。不错吧,还是很容易捡到的,但是个头都不是很大。

画 外 音：其实在这里淘宝还是很容易的,不到一个小时的工夫,我们就大有收获。

主 持 人：半个小时的工夫我们就淘到了不少的红宝石。刚才的师傅帮我精心挑选了那么十几颗,然后要把它加工打磨一下,可以做成很精美的手链。

主 持 人：这些就是我刚刚淘的那些宝石,加工完成了。回头我就可以找一家首饰加工店把它做成这样精美的手链。

画 外 音：依托边贸优势,珠宝生意已具有相当规模的瑞丽,正极力打造珠宝城这张名片。

城市链接 CHENGSHI LIANJIE

景颇族　景颇族是德洪州独有的一个少数民族,主要居住在瑞丽的山区一带。

傣族　傣族居住在云南西双版纳傣族自治州和德洪州,在瑞丽是人数最多的少数民族。

第九课

顺德制造

第九课　顺德制造

热身 RESHEN

一、生词

1. 评估　　　（动）　pínggū　　　estimate; assess; appraise
   평가하다
   評価する

2. 土生土长　　　　　tǔ shēng　　be born and brought up on one's native
                    tǔ zhǎng　　soil; locally born and bred
   그 지역에서(토박이로)성장(成長)하다
   その地方で生え抜きの、その地で生まれ
   その地で育った

3. 撰稿　　　　　　　zhuàn gǎo　　write articles
   원고를 쓰다
   文章を書く、著作する

4. 机关　　　（名）　jīguān　　　functioning department
   기관
   機関、役所、機構

5. 波澜　　　（名）　bōlán　　　　billow; great wave
   파란
   波瀾、大小の波

6. 破解　　　（动）　pòjiě　　　　explain
   난제를 해결하다
   詳しく分析し解釈する

7. 异乡　　　（名）　yìxiāng　　　foreign land; strange land
   타향
   異郷、異境

8. 口头禅　　（名）　kǒutóuchán　cliche; pet phrase; tag
   입버릇처럼 자주 하는 말

口癖

| 9. 电饭煲 | （名） | diànfànbāo | electric cooker |

전기(밥)솥

電気炊飯器

| 10. 毗邻 | （动） | pílín | adjoin; be adjacent to |

인접하다

隣接している

| 11. 单据 | （名） | dānjù | bill of document |

증표

証票、証券、領収書

| 12. 塑造 | （动） | sùzào | portray |

형성화하다

形作る、想像を作る

| 13. 泛黄 | （动） | fànhuáng | turn yellow |

노란 색을 띠다

黄色がさす

| 14. 具象 | （名） | jùxiàng | concretization |

구체적인 형상

具体的な形、姿

| 15. 标志 | （名） | biāozhì | sign; mark |

상징, 표시

標識、しるし、マーク

| 16. 缺陷 | （名） | quēxiàn | defect; flaw; shortcoming |

결함

欠陥、不備

| 17. 大潮 | （名） | dàcháo | influential social trend |

사회적 큰 흐름

大潮

| 18. 资深 | （形） | zīshēn | senior |

경력과 자격이 풍부하다

古参(の)、先輩(の)、上位(の)

19. 迢迢	(形)	tiáotiáo	far away	

(길이) 매우 멀다
道が遠いさま

20. 无悔	(动)	wúhuǐ	regretless	

후회하지 않다
悔いがない、後悔しない

21. 常委	(名)	chángwěi	standing committee; member of a standing committee	

상무위원
常務委員

22. 贡献	(名)	gòngxiàn	contribution	

공헌
貢献する、公のために力を尽くす

23. 突如其来		tū rú qí lái	arise suddenly	

갑자기 발생하다
突如発生する

24. 有生以来		yǒu shēng yǐlái	since birth	

태어난 후 (지금까지)
うまれてから今まで

25. 渴望	(动)	kěwàng	long for; be anxious for	

갈망하다
渇望する、切に望む

26. 牵引	(动)	qiānyǐn	attract	

견인하다
引く、引っ張る、牽引する

27. 过硬	(形)	guòyìng	have a perfect mastery of sth.; achieve proficiency in	

이겨낼 수 있다
厳しい試練に耐えられること

28. 博士后	(名)	bóshìhòu	post-doctoral	

박사후

			(Postdoctoral)ポストドクター
29. 特种	（形）	tèzhǒng	special type 특종 特殊な
30. 变压器	（名）	biànyāqì	transformer 변압기 変圧器、トランスフォーマー
31. 素来	（副）	sùlái	always; usually 평소에 従来、以前から、平素、もともと
32. 独领风骚		dú lǐng fēngsāo	one who holds a leading position in a certain area 선두를 차지하다 重要な位置を占める
33. 羽绒	（名）	yǔróng	eiderdown 오리 털 羽毛
34. 转型	（动）	zhuǎnxíng	transform 유형을 바꾸다 (方向　経営方針などが)変わる、変える
35. 异曲同工		yì qǔ tóng gōng	different in approach but equally satisfactory in result 방법은 다르나 같은 효과를 내다 曲調は異なっても巧みさは同じ、やり方は違っても効果は同じである
36. 贴牌	（动）	tiēpái	OEM 다른 회사를 대신하여 제품을 생산내는 ブランドをつけて加工する

二、专名

1. 樊荣强   Fán Róngqiáng   name of a person
번용강(인명)
〈人名〉樊榮強

2. 佛山   Fóshān   name of a place
불산(지명)
佛山市。広東省の市の一つ

3. 澳门   Àomén   Macao
마카오(Macao)
マカオ

4. 何享健   Hé Xiǎngjiàn   name of a person
하향건(인명)
〈人名〉何享健

5. 陈智   Chén Zhì   name of a person
진지(인명)
〈人名〉陳智

6. 刘世怡   Liú Shìyí   name of a person
유세이(인명)
〈人名〉劉世怡

7. 陈礼   Chén Lǐ   name of a person
진례(인명)
〈人名〉陳礼

8. 陈汉民   Chén Hànmín   name of a person
진한민(인명)
〈人名〉陳漢民

9. 伦教镇   Lúnjiào Zhèn   name of a place
윤교진(지명)
〈地名〉倫教鎮

三、词语例释

1. "顺德家电,哪家没有几件",都成为当地的一个口头禅

   指习惯性的经常挂在口头的词句。

   (1) 几乎每个人都有口头禅,就像每个人都有习惯动作一样。

   (2) 口头禅就是天天挂在嘴边说的话,常常顺口就溜出了。

2. 据不完全统计,中国 1500 万以上的冰箱用户,50% 以上的电饭煲、微波炉用户,用的都是顺德制造的

   大概的统计(大部分已经统计在内)。

   (1) 10 月 8 日南亚地区发生强烈地震,据不完全统计,已有近 5.5 万人在此次地震中不幸丧生。

   (2) 据不完全统计,全国已建和在建的大学城已有 50 多个。

3. 在市场经济的大潮中,"美的"人终于放开了手脚

   在思想上打消了顾虑,行动上摆脱了束缚。

   (1) 通过一段时间的课改教学,我发现只有放开手脚让学生大胆探索才能取得事半功倍的效果。

   (2) 西餐的刀刀叉叉总让人觉得提心吊胆而放不开手脚。

4. 这里吸引我们的不只是它的干式变压器在中国市场的独领风骚

   在某方面有较强的领先优势。

   (1) 中国乒乓球已经在世界乒坛独领风骚数十年。

   (2) 模特圈内,无数的新面孔诞生、走红,然后被遗忘,只有她在世界 T 台上独领风骚十几年。

四、练习

（一）选择适当词语填空：

1. 他现在做的工作是资产_____。(评估,评价)

2. 她对中国很感兴趣,对中国人_____很高。(评估,评价)

3. _____低收入人员的生活困难是政府的职责。(破解,解决)

4. 这个软件刚刚上市就被盗版者_____了。(破解,解决)

5. 出现在影视作品中的知识分子的形象总是被_____成戴着深度眼镜的结结巴巴的十分乏味的呆子。(塑造,建造)

6. 这里正在_____一座大型的现代化体育中心。(塑造,建造)

7. 由于取消了强制婚检,近年有先天_____的新生儿越来越多。(缺陷,缺点)

8. 对品行有_____、学习有困难的学生,应当耐心教育、帮助,不得歧视。(缺陷,缺点)

9. 我的心时刻被她的形象_____着。(牵引,牵动)

10. 他的病情时刻_____着大家的心。(牵引,牵动)

（二）用指定词语完成句子：

1. 他看起来像南方人,可是_____。(土生土长)

2. 孩子们被_____。(突如其来)

3. 他从小就失去了母亲,_____。(渴望)

4. 这是他_____。(有生以来)

5. 他们两个_____。(素来)

中国城市名片 ◆商务篇◆

初步视听理解
CHUBU SHITING LIJIE

一、视点提示：

顺德—汽车城—吃在顺德—富足

樊荣强—《顺德制造》—"美的"电器

陈智教授—陈礼博士—顺德职业技术学院

博士后工作站—俞尧昌—格兰仕

二、完整地看一遍录像，说一说你看到了什么。

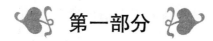

第一部分

一、先视听一遍，然后回答问题：

　　1. 走进顺德，人们感受最深的是什么？

　　2. 在珠江三角洲地区，顺德汽车城具有哪些优势？

二、根据录像内容判断正误：

　　1. 在广州很多好厨师都来自顺德。　　　　　　　　　　　　　　（　　）

　　2. 土生土长的顺德人对顺德的看法一致。　　　　　　　　　　　（　　）

第二部分

一、先视听一遍，然后回答问题：

　　1. 顺德的产品在全国各地受人们欢迎吗？

　　2. 是什么原因使顺德从农业化县城走向工业化城市？

　　3. "美的"人从什么时候开始就有了品牌意识？

二、根据录像内容判断正误：

　　1. 樊荣强是地地道道的顺德人。　　　　　　　　　　　　　　　（　　）

　　2. 在中国，几乎家家户户都有顺德的产品。　　　　　　　　　　（　　）

　　3. "美的"家电集团是从做电风扇起家的。　　　　　　　　　　　（　　）

三、再视听一遍，边听边填空：

　　1. 樊荣强这个异乡人在顺德_____了一股不小的_____。

　　2. 为了_____《顺德制造》专刊，他们_____跑遍了全国。

3. 顺德制造正在_____改变着中国_____世界人的生活。

四、看录像，跟读录音文本中画线的部分：

从"据不完全统计"至"顺德制造正在悄悄改变着中国乃至世界人的生活"。

五、用所给的提示词语复述录音文本中画线的部分：

统计　　1500万以上　　电饭煲　　微波炉　　悄悄　　改变　　乃至

第三部分

一、先视听一遍，然后回答问题：

1. 陈智教授为什么要从遥远的北京来到顺德办教育？

2. 打造"顺德制造"这个品牌，制造业需要什么样的技术人员？

二、根据录像内容判断正误：

1. 陈智教授的后半生是在顺德度过的。（　　）

2. 顺德职业技术学院的专业教师绝大多数是当地人。（　　）

3. 顺德拥有中国很多的"一流"。（　　）

三、再视听一遍，边听边填空：

1. 即将退休的陈教授，面对这次_____的选择，他似乎有生以来第一次_____了。

2. 除了顺德人的_____，还有他们对教育的那种无比的_____。

3. 他叫陈礼，是一位_____的留美博士，从海外归来的他也受到了这方热土的_____。

四、看录像，跟读录音文本中画线的部分：

从"即将退休的陈教授"至"还有他们对教育的那种无比的渴望"。

五、用所给的提示词语复述录音文本中画线的部分：

即将　　突如其来　　选择　　犹豫　　遥远　　考察　　真诚　　渴望

第四部分

一、先视听一遍，然后回答问题：

1. 俞尧昌原来是从事什么职业的？

2. 俞尧昌被媒体称为"价格屠夫"的原因是什么？

二、根据录像内容判断正误：

1. "格兰仕"集团把人才摆在企业的首位。　　　　　　　　　（　　）

2. 在顺德，像俞尧昌这样的职业经理人很少见。　　　　　　（　　）

三、再视听一遍，边听边填空：

1. 这位外乡人便_____了一个由羽绒制品转型家电制造业的_____。

2. 顺德制造正在这片_____的桑基鱼塘上_____走向世界。

3. 我们在顺德这片_____的土地上，用我们的眼睛、用我们的_____感受着"顺德制造"走过的那段_____。

四、看录像，跟读录音文本中画线部分：

从"在'美的'，我们发现了这样一块标语"至"他们把人才视做'格兰仕'的第一资本"。

五、用所给的提示词语复述录音文本中画线的部分：

美的　　发现　　标语　　人才　　看成　　财富　　格兰仕　　视做　　资本

大家谈

一、顺德的哪些地方最吸引你?

二、以顺德为例,谈谈中国沿海地区的经济发展情况。

三、你认为顺德的发展靠的是什么?你对"人是企业的第一资本"是怎样理解的?

四、你用过顺德制造的电器吗?说一说中国有哪些著名的家电制造企业。

录音文本 LUYIN WENBEN

第一部分

女主持人: 观众朋友,大家好。我现在是在广东顺德的德顺广场向您问候。现在我要给大家介绍我的一个同行,来自顺德电视台的张军。

男主持人: 李红,你好。观众朋友,大家好。

女主持人: 张军,我有一个很深的感受,就是从广州坐车到顺德的时候,进入顺德之后,我们就发现路两边有非常多的汽车展厅。我觉得很奇怪,为什么在顺德这么小的一个地方会有这么大的汽车城呢?

男主持人: 是啊,一个县级市拥有这么大的汽车城,很多人经过的时候都会非常地惊讶。经过有关部门的评估,顺德汽车城目前已经成为珠江三角洲地区规模最大、销售量最好,同时也是影响力最大的汽车城了。

女主持人: 所以我来之前就有朋友告诉我说,不到顺德不知道钱少。通过这一两天的接触,我还有一个感受就是,不到顺德不知道吃得好。

男主持人: 所以很多人都说"吃在广州",但是我们广州人都说"厨出凤城"。凤城就

指的我们顺德市的大良区。

女主持人：在后边的几天里，我会慢慢去享用。刚才我只是谈了我自己的一些感受，不知道顺德人究竟又怎么来看他们自己的顺德呢？

受 访 者：它的新城和老城的对比非常明显。

受 访 者：过去就是鱼米之乡。

受 访 者：最有特色的就是它的发展速度太快了。

受 访 者：他们有钱。

受 访 者：敢为天下先。

受 访 者：很富足。

受 访 者：两家一花。

受 访 者：吃的。

男主持人：李红，你看，就是我们土生土长的顺德人啊，对顺德也有着很多不同的看法。

女主持人：的确是这样。那么到底哪一张才是顺德最亮丽的城市名片呢？现在就让我们走进城市接触。

第二部分

画 外 音：樊荣强，职业财经撰稿人，在广州曾做过机关干部，杂志社编辑记者，几年前来到顺德，策划出版过《杰出的顺德人》、《龙江——中国家具第一镇》等书籍，而使他真正出名的，却是后来的这本《顺德制造》。

画 外 音：2002年4月，《顺德制造——破解顺德制造业成功之迷》成功发行，樊荣强这个异乡人在顺德掀起了一股不小的波澜。十六大召开前的那段日子，可忙坏了《顺德报》的几路记者，为了采写《顺德制造》专刊，他们几乎跑遍了全国，推出了一套大型系列采访报道：《顺德制造——一个走向国际化的品牌》。

受 访 者： 回来以后，我们感觉到我们顺德的产品在全国各地还是蛮受欢迎的。大家都有一个共同的感受，"顺德家电，哪家没有几件"，都成为当地的一个口头禅。

受 访 者： 我也是从外地来的。以前我也觉得我家里没有。但是到顺德一次，回去以后突然发现，我那个开关就是顺德的，自己的煤气灶就是顺德的。

画 外 音： 据不完全统计，中国1500万以上的冰箱用户，50%以上的电饭煲、微波炉用户，用的都是顺德制造的。顺德制造正在悄悄改变着中国乃至世界人的生活。

画 外 音： 顺德位于珠江三角洲中部，毗邻广州、佛山等大中城市，靠近香港、澳门，历史上曾以"桑基鱼塘"①和"南国丝都"闻名遐迩，正是因为这种特殊的地缘关系和改革的时代背景，顺德才开始了由农业化县城向工业化城市的第一次跨越。

画 外 音： 这是一张被保存了整整35年的借款单据。35年前，何享健带领北窖镇25名街道居民每人出资50元钱，办起了一个塑料五金加工小作坊。从做塑料瓶盖到敲打出第一台金属电风扇，到品牌价值一百多个亿的大型家电集团，"美的"塑造了一个成功的家电品牌。

主 持 人： 在这张泛黄的报纸上你可以看到一个非常具象的风扇的标志，在今天看来它或多或少会有一些缺陷，但是当你回首到1985年的时候，你就会发现，那时的"美的"人已经有了品牌的意识。

画 外 音： 从1996年到2001年的五年时间，"美的"总资产由十几个亿狂增到一百多个亿。在市场经济的大潮中，"美的"人终于放开了手脚。

第三部分

主 持 人： 我在顺德曾经听到过这样一句话，说：顺德人做企业，七十年代用自己的人，八十年代用顺德人，九十年代用全国的人。而今天顺德制造的品牌究竟有哪些人在共同打造呢？

画 外 音： 陈智，清华大学资深教授。3年前他提着一个普通的公文包，千里迢迢来

到顺德。谈到这次的选择,陈教授话语中满是感动和无悔。

受 访 者: 从去年(2001年)10月份,他们(顺德)市委常委刘世怡同志,到北京去找到清华大学,找它呢,说:"顺德职业技术学院刚起步,希望学校帮助我们把这个学院建起来,希望出些人。"当时清华大学考虑呢,顺德经济社会发展得比较快,应该有责任帮助地方在教育上做些贡献。

画 外 音: <u>即将退休的陈教授,面对这次突如其来的选择,他似乎有生以来第一次犹豫了。</u>那年,他在犹豫中来到顺德这个遥远的县级市考察,然而这次的<u>到来却使他的后半生和顺德深深地联系在了一起。除了顺德人的真诚,还有他们对教育的那种无比的渴望。</u>

画 外 音: 与陈教授同在一个学校的这位副院长,他叫陈礼,是一位出色的留美博士,从海外归来的他也受到了这方热土的牵引。

受 访 者: 因为顺德这个地方是海纳百川啊,五湖四海都有,所以到这里来的外地教师比较多。我们这里的专业教师大概有一百二三十人吧,其中80%左右是外地来的教师,他们在这里都能够很好地发挥着自己的作用。

受 访 者: 所以,特别是顺德打造"顺德制造"这个品牌,制造业没有第一线这种过硬的技术人员是不行的,所以我们培养的人才,一定要是适合社会的需求。

主 持 人: 不久之后由清华大学美术学院设计的智慧门将在这儿建成。在这里这个小小标志,也是由中国平面设计大师陈汉民设计的。由此我们联想到了清华教授、留美博士、工程院院士、博士后工作站。如此众多的"一流",就这样与"顺德制造"连在了一起。

第四部分

画 外 音: 顺德特种变压器厂,素来有着"中国变压器行业第一品牌"的称号,这里吸引我们的不只是它的干式变压器在中国市场的独领风骚,还有它引进和利用人才方式——博士后工作站。除了这家企业之外,顺德鸿昌涂料、美的集团也早早地设立了自己的博士后工作站。在顺德这块不大的地方正在陆续申请的还有好几家。

画 外 音：在"美的"，我们发现了这样一块标语，他们把人才看成是企业的财富；而在微波炉的制造帝国——格兰仕，他们把人才视做"格兰仕"的第一资本。

画 外 音：俞尧昌，职业经理人。1995年，格兰仕三顾茅庐把他请到了顺德，这位外乡人便开创了一个由羽绒制品转型家电制造业的神话。

画 外 音：俞尧昌对格兰仕今天的成就功不可没，被传媒称为"价格屠夫"的他，使微波炉连续四次降价，这种昔日的高档电器也得以在短短几年间进入寻常百姓家。

画 外 音：其实，在顺德，像俞尧昌这样的职业经理人现在已是比比皆是。位于伦教镇的顺达电脑与格兰仕似有异曲同工之妙，不过他们将生产微波炉换成了为世界几大电脑品牌贴牌生产。顺德制造正在这片曾经的桑基鱼塘[①]上阔步走向世界。

画 外 音：我们在顺德这片神奇的土地上，用我们的眼睛、用我们的心灵感受着"顺德制造"走过的那段历程，感受着那种由里而外散发出来的强大冲动的力量，我们也试图去读懂他，读给你，读给我，读给全世界关注着"顺德制造"的人们。

注 释：

[①] 桑基鱼塘：桑基鱼塘是广东省珠江三角洲一种独具地方特色的农业生产形式。即桑地依赖于鱼塘肥泥，养蚕依赖桑叶，而鱼塘则依赖于蚕屎、蚕沙这样互相依存的形式。珠江三角洲蚕区满布着"桑基鱼塘"，这种生产形式一直延续至今。1992年，桑基鱼塘被联合国教科文组织誉为"世间少有美景、良性循环典范"。

第九课 顺德制造

城市链接 CHENGSHI LIANJIE

2001年9月底,第五届中国花卉博览会在顺德的陈村镇举行。花卉在这里得到迅猛发展,一跃成为顺德"两家一花"的三大支柱产业之一。

2001年的两届全国家具博览会也分别在号称为中国家具第一镇的顺德龙江和乐从拉开帷幕。

从1997年北上北京推销自己,到后来在自己的家门口多次举办国际家电博览会,顺德人利用这种会展有效地推进了产业的国际化。

顺德汽车市场在珠江三角洲排名第二,每天的私人轿车挂牌量为68辆,顺德市居民每百户拥有汽车20辆。

生 词

1. 花卉	(名)	huāhuì	flowers and plants 화초, 화훼 草花、草や花の類
2. 迅猛	(形)	xùnměng	swift and violent 빠르고 맹렬하다 (勢いが)速くて猛烈である
3. 帷幕	(名)	wéimù	heavy curtain 장막 (室内 舞台の)幕

173

第十课
创新之谷——西安

第十课 创新之谷——西安

热身 RESHEN

一、生词

1. 沃野	(名)	wòyě	fertile land 비옥한 평야 肥えた野原	
2. 版图	(名)	bǎntú	domain; territory 판도 版図、領土	
3. 腹心	(名)	fùxīn	center 중심부분 急所	
4. 经世	(动)	jīngshì	administer affairs 나라를 다스리다 国家を治める	
5. 有为	(动)	yǒuwéi	promising 유망하다 有為である、なすところがある	
6. 策源地	(名)	cèyuándì	original place 발원지 (戦争や社会運動などの)震源地、発祥地	
7. 阡陌	(名)	qiānmò	crisscross footpaths between fields (가로 세로로 난) 논밭 길 (田の中を縦横に交差した)あぜ道	
8. 纵横	(形)	zònghéng	in length and breadth; vertically and horizontally 가로 세로, 종횡 縦横;自由奔放である、縦横無尽に進んで	

阻むものがない

9. 庄稼	（名）	zhuāngjia	crops	

농작물
（田畑にある）農作物

| 10. 彼岸 | （名） | bǐ'àn | the other shore |

피안
向こう岸、対岸

| 11. 要素 | （名） | yàosù | essential factor; key element |

요소
要素、要因

| 12. 雏形 | （名） | chúxíng | embryonic form |

형태가 고정되기 전의 형식
最初の形態、原形；ひな型、模型

| 13. 营造 | （动） | yíngzào | deliberately create |

도모하다
営造する、建造する

| 14. 则 | （连） | zé | then |

그러면
［接続詞］（他と比較してこれは…と限定する）は

| 15. 根深蒂固 | | gēn shēn dì gù | deep-rooted; inveterate |

뿌리가 깊다
根が深い，根強い

| 16. 盘根错节 | | pán gēn cuò jié | complicated and difficult to deal with |

기존세력의 뿌리가 깊어 다루기 힘들다
盤根錯節、曲がった根と入り組んだ木の節

| 17. 夹裹 | （动） | jiáguǒ | carry; bring |

끼다
挟んだり巻いたりする

| 18. 异支 | （名） | yìzhī | foreign land |

다른 것

異なる、違う

19. 包容　（动）　bāoróng　comprehend

포용하다. 널리 받아들이다

大目に見る、勘弁する

20. 角色　（名）　juésè　role

역할, 각색

役目、任務；(劇や映画で俳優の演じる登場人物)役、役柄

21. 源泉　（名）　yuánquán　source

원천

源泉、源

22. 孵化　（动）　fūhuà　hatch

부화하다

孵化する、卵がかえる

23. 融资　　　róng zī　financing

융자하다

融資

24. 风险投资　　　fēngxiǎn tóuzī　venture capital investment

모험 투자

狭い意味で言えば、ハイテクを基に、技術密集製品の生産や経営に関する投資のこと

25. 高地　（名）　gāodì　upland; highland; elevation

고지

高地

26. 风云际会　　　fēngyún jìhuì　gathering of heroes or talented people

영웅들의 집합

君主と大臣のめぐり合いのたとえ

27. 群雄　（名）　qúnxióng　a large number of heroes

군웅
群雄

28. 部落	(名)	bùluò	tribe
			부락
			部落、村落

29. 阐释	(动)	chǎnshì	explain
			설명하다
			詳しく解釈する、詳説する

30. 童话	(名)	tónghuà	fairy tales
			동화
			童話、おとぎ話

31. 步履	(名)	bùlǚ	footstep
			걸음
			歩行

32. 明媚	(形)	míngmèi	bright and beautiful
			밝고 아름답다
			(風景などが)美しい、清らかで美しい

33. 敞亮	(形)	chǎngliàng	be light and spacious
			탁 트여 환하다
			広々として明るい

34. 欧陆风格		Ōulù fēnggé	European style
			유럽식 풍격
			ヨーロッパ様式

35. 同构	(动)	tónggòu	isomorphic
			같이 구성되다
			同時に構築する

36. 倾听	(动)	qīngtīng	listen attentively to
			귀 기울여 듣다
			傾聴する、耳を傾ける

| 37. 双向 | (形) | shuāngxiàng | bidirectional |
| | | | 서로 반대 방향인 |

				互いに反対の方向
38. 晨钟暮鼓		chén zhōng mù gǔ		toll the bell in the morning and beat the drums in the evening
				저녁에는 북을 치고 아침에는 종을 치는 것
				寺院で打ち鳴らす夕方の太鼓と朝の鐘；人を悟らせる説話や文章のたとえ
39. 切合	(动)	qièhé		suit; fit in with
				적합하다
				ぴったり合う、適合する
40. 心率	(名)	xīnlǜ		heart rate
				심장 박동수
				心臓の律動、心拍
41. 抹	(量)	mǒ		a measure word used for cloud, etc.
				바르다
				絵筆で絵の具をなすりつけるような動作の回数を表す、普通は数詞の"一"と組み合わせて用い、また"几"と組み合わせることもある
42. 轻捷	(形)	qīngjié		spry and light; nimble
				날렵하다
				(動作が)軽くて酢素早い

二、专名

1. 关中平原		Guānzhōng Píngyuán	Guanzhong Plain
			관중평원(지명)
			関中平原。函谷関、散関、武関、蕭関に囲まれていた平野
2. 周		Zhōu	Zhou Dynasty
			주나라
			周。紀元前11世紀-紀元前256年、周の武

王の建てた国

| 3. 秦 | Qín | Qin Dynasty |

진나라

秦。春秋時代戦国時代の国名。紀元前221年に中国を統一し、中国初の中央集権国家　秦王朝を建てた

| 4. 汉 | Hàn | Han Dynasty |

한나라

漢。紀元前206-紀元220年、劉邦の建てた国

| 5. 唐 | Táng | Tang Dynasty |

당나라

唐。618-907年、李淵とその子李世民が建てた国で、都は長安(現在の西安)

| 6. 硅谷 | Guīgǔ | Silicon Valley |

실리콘밸리(Silicon Valley)

半導体やコンピューター企業の集積地の代名詞

| 7. 景俊海 | Jǐng Jùnhǎi | name of a person |

경준해(인명)

〈人名〉景俊海

三、词语例释

1. 我们跟企业的关系是，企业是我们的衣食父母
赖以生存的人。

（1）巴金老人虽已离开我们，但他的珍贵留言中有一句"读者是我的衣食父母"仍常回响在耳畔。

（2）人民群众是我们的衣食父母，我们的全部任务和责任就是全心全意为人民谋利益。

2. 机制创新使高新区成了西部瞩目的人才高地

比喻在某方面处于优势地位的地区。

（1）近期,高新区又提出建设"服务、人才高地,产业聚集高地,科技创新高地和高新企业总部聚集高地"的奋斗目标。

（2）无锡市人事部门表示,随着该市"日资高地"的崛起,近年内,日语人才将继续走俏锡城。

四、练习

（一）选择适当词语填空：

1. 东北平原_____千里,物产丰富。（沃野,原野）

2. 在荒凉的_____上,一群羚羊在奔跑。（沃野,原野）

3. 中国坚持改革开放,实行独立自主的和平对外政策,成为亚洲和世界和平稳定的重要_____。（要素,因素）

4. 衣食住行是人类生活的四大_____。（要素,因素）

5. 该书系统_____了宗教与艺术的关系。（阐释,解释）

6. 实际上,只要交谈双方保持冷静,安心地听对方_____并平静地陈述自己的意见,有意见分歧都是可以通过商讨加以消除的。（阐释,解释）

7. 这是清明节前的一个春光_____的日子。（明媚,明亮）

8. 她用一块黑布将脸遮住,只露一双_____的眼睛在外。（明媚,明亮）

（二）用指定词语完成句子：

1. 春节快到了,商店里进行了精心装饰,以_____。（营造）
2. 现在大学生就业_____。（双向）
3. 她的著作_____。（阐释）
4. 成功的人往往_____。（倾听）
5. 年轻人不能好高骛远,制定目标_____。（切合）

中国城市名片 ◆商务篇◆

初步视听理解
CHUBU SHITING LIJIE

一、视点提示：

西安—阳光新城—高新区—西部硅谷

西安高新区—创业氛围—新企业的引入

五个要素—企业孵化器—翔宇公司—
体制创新

新城—时尚生活区—西部商城广场

二、完整地看一遍录像，说一说你看到了什么。

第十课　创新之谷——西安

听说训练 TING SHUO XUNLIAN

第一部分

一、先视听一遍，然后回答问题：

1. 中国有几朝皇帝在西安建都？

2. 西安高新开发区内一共划分了几个区域？

3. 西安新城是用了多长时间打造出来的？

二、根据录像内容判断正误：

1. 西安位于中国版图的中心地区。　　　　　　　　　　　　　　（　　）

2. 在中国，给西安留下优秀传统文化最多的是秦、汉两代。　　　（　　）

3. 西安是一座有着三千年文化历史的古城。　　　　　　　　　　（　　）

三、再视听一遍，边听边填空：

1. _____的地理优势，使它成为中华民族的_____之一。

2. 汉、唐两代给西安留下了_____、开放、经世有为的_____传统文化。

四、看录像，跟读录音文本中画线的部分：

从"无与伦比的地理优势"至"尤其汉、唐两代给西安留下了开拓、开放、经世有为的优秀传统文化"。

五、用所给的提示词语复述录音文本中画线的部分：

无与伦比　　发祥地　　十三朝　　重地　　尤其　　开拓　　开放

经世有为　　文化

第二部分

一、先视听一遍，然后回答问题：

1. 在12年前，西安高新区就是一个城区吗？

2. 西安高新区的开拓者都是一些什么样的人？

3. 从社会角度看，一个新企业的引入可以带来哪些好处？

二、根据录像内容判断正误：

1. 19世纪90年代初，西安开始了高新开发区的建设。（ ）

2. 西安高新开发区的发展模式和美国硅谷是相同的。（ ）

3. 企业的命运掌握在政府管理者手中。（ ）

三、再视听一遍，边听边填空：

1. 一批有识、有志、_____的开拓者在这里_____了一扇直通世界的窗子。

2. 外部世界_____、鲜活的空气_____着这片古老的土地。

3. 从文化角度看，它则带来了_____的更新、_____的变化、思想的_____、文化的多元对话。

四、看录像，跟读录音文本中画线的部分：

从"一批有识、有志、有为的开拓者在这里打开了一扇直通世界的窗子"至"西安迈出了走向世界历史性的一步"。

五、用所给的提示词语复述录音文本中画线的部分：

有识　有志　有为　开拓者　打开　窗子　清新　鲜活

吹拂　古老　大洋彼岸　对话　迈出　历史性

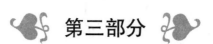

第三部分

一、先视听一遍，然后回答问题：

1. 在高新区发展的五个重要因素中，哪一个作用取得的成就最突出？

2. 体制的创新和观念的更新可以带来什么样的社会效益？

二、根据录像内容判断正误：

1. 西安高新区内要创办的科技开发企业有 3000 多家。　　　　（　　）

2. 创新的机制使西安高新区人才济济。　　　　　　　　　　（　　）

3. 西安高新区吸引了众多海内外的科技人员。　　　　　　　（　　）

三、再视听一遍，边听边填空：

1. 西安高新区这五个_____的构建和发展，为西部_____全国的高新区发展起到一定的_____示范作用。

2. 体制的_____和观念的_____带来了经济的繁荣。

3. 高新区_____了五万余名大专以上_____的科技人员。

四、看录像，跟读录音文本中画线的部分：

从"机制创新使高新区成了西部瞩目的人才高地"至"成为风云际会、群雄并进的西部科技硅谷"。

五、用所给的提示词语复述录音文本中画线的部分：

机制　　瞩目　　人才　　高地　　吸引　　五万余名　　学历　　其中

630 人　　2800 人　　260 多人

第四部分

一、先视听一遍，然后回答问题：

　　1. 现在西安市民最向往的地方在哪儿？为什么？

　　2. 古城西安的现代名片是什么？

二、根据录像内容判断正误：

　　1. 住在西安高新区的居民已经过上了天堂般的生活。（　　）

　　2. 在西安新城，许多住宅小区都是中西结合的建筑风格。（　　）

三、再视听一遍，边听边填空：

　　1. 高科技事业的_____必然是高_____人才的家园。

　　2. 从古老的西安文化到这些_____一般的温馨建筑，让人感受着历史远去的匆匆_____和时代发展的美好_____。

　　3. 高新区的_____将向世界_____这棵老树蓬勃的生命力和无限_____的西安高科技之春。

四、看录像，跟读录音文本中画线的部分：

　　"从古老的西安文化到这些童话一般的温馨建筑，让人感受着历史远去的匆匆步履和时代发展的美好前景"。

五、用所给的提示词语复述录音文本中画线的部分：

　　从……到……　　古老　　童话　　建筑　　感受　　远去　　匆匆

　　时代　　前景

第十课 创新之谷——西安

一、为什么说西安高新区是"创新之谷"?

二、你认为高新区的建设和发展应该注意哪些方面的问题?

三、你去过西安吗?古、今西安的哪些方面给你的印象最深刻?

四、谈一谈你个人对古城开发与保护的意见。

五、介绍一个你所熟悉的高新区的情况。

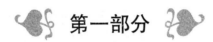

主 持 人: 观众朋友们,你们好,我是杨直。《城市名片》栏目现在是在古城西安。

画 外 音: 有国际文化名城之称的西安,地处沃野千里的关中平原,居于中国版图腹心,承东启西,连南接北。无与伦比的地理优势,使它成为中华民族的发祥地之一,更成为周、秦、汉、唐等十三朝的建都重地。而在西安建都的十三朝都是中国封建社会的上升时期,尤其汉、唐两代给西安留下了开拓、开放、经世有为的优秀传统文化。

主 持 人: 如果说西安是一座用古老城市围起来的最大的四合院的话,那么我现在所在的这里呢,就是一座没有城墙、没有边界、并向世界和未来全面开放的阳光新城,这就是在高新科技领域享有盛名的西安高新技术开发区。

字 幕: 西安高新开发区商业区

西安高新开发区软件园区

西安高新开发区生活区

主 持 人：如果说古城西安是一座用三千年文化历史打造出的古老的历史名片的话，那么这座新城呢，就是改革开放以后用十二年的时间打造出的一张非常亮丽的新名片。

受 访 者：西安发展最快的应该是在高新开发区。

受 访 者：青砖、古墙和现代建筑。

受 访 者：兵马俑。

受 访 者：我觉得西安最好的就是我们电子城，这个电子广场。

受 访 者：我们说：古有兵马俑，现有高新区。

受 访 者：高新技术开发区、高新经济开发区和西安的高等学校区。

受 访 者：如果说新西安的名片是什么呢？就是西安高新开发区。

主 持 人：新时代赋予了西安新的形象、新的节奏，同时也赋予了西安新的活力。这里也是西安古老历史文化与当代世界的一个交汇点，同时也是新经济、新观念、新思维、新文化的策源地。因此，人们把西安高新技术开发区誉为中国的西部硅谷。

第二部分

画 外 音：在12年前，西安高新区的这片土地还是一片阡陌纵横，绿色如茵的庄稼地。1991年，西安高新开发区挂牌成立，作为西安市人民政府的派出机关，市政府赋予高新区市一级的经济管理权限和行政管理权限，使这里成为一片生产力的解放区和古都改革开放的先锋区。<u>一批有识、有志、有为的开拓者在这里打开了一扇直通世界的窗子。古都西安厚重的城门在这里隆隆打开了。外部世界清新、鲜活的空气吹拂着这片古老的土地，西安开始与大洋彼岸的新经济对话，西安迈出了走向世界历史性的一步。</u>

受 访 者：美国硅谷的发展除了它具备的这种大学的要素、科研的实力、国防科技工业的基础以外，它提倡了一种敢于冒险、宽容失败的这样一种社会的氛围。那么西安高新区，虽然我们才经过了十一年的发展历史，和硅谷相

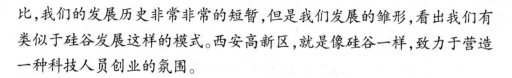

比,我们的发展历史非常非常的短暂,但是我们发展的雏形,看出我们有类似于硅谷发展这样的模式。西安高新区,就是像硅谷一样,致力于营造一种科技人员创业的氛围。

画 外 音：一个新企业的引入从经济角度看是资金的引入、管理模式的引入;从社会角度看,吸引了本地人才,扩大了社会就业;而从文化角度看,它则带来了观念的更新、思维的变化、思想的解放、文化的多元对话。尤其对于传统文化根深蒂固、传统观念盘根错节的千年古都来说,则是股夹裹着异支文化的冲击波。因而在高新区,这种引进无疑也在考验着这片土地的文化包容性和文化更新能力。

受 访 者：我们跟企业的关系是,企业是我们的衣食父母,而我们绝不是他们的父母官,我们跟他的关系,不是我们管企业,而是我们在这儿创造条件服务企业,完全是一个社会服务者的角色和社会事物管理者的角色,而不是去管企业的这个、那个,企业的命运决定于它自己,决定于市场的变化。

第三部分

画 外 音：高新理论家景俊海认为高新区的发展取决于五个重要因素:其一是政府部门的作用,也就是环境创新体系;其二是大学科技界的作用,也就是技术创新的源泉;其三是工商企业界的作用,也就是技术创新体系;其四是企业孵化器的作用,也就是创业孵化体系;其五是投、融资机构的作用,也就是投融资体系。西安高新区这五个要素的构建和发展,为西部乃至全国的高新区发展起到一定的探索示范作用。尤其企业孵化器的建设和风险投资的引入,取得了卓越的成就。

受 访 者：96年公司的注册资本是150万,那么开发区成立以后,有了一个孵化器系统,我们就进入了开发区的企业孵化器系统。开发区的所属公司,高科集团投资翔宇(公司),刚开始占了股份的52%,现在我们的员工是120个人。在2000年,翔宇公司进行了股份制改造,注册资本达到了4980万,这等于是孵化器的孵化成功了。

画 外 音：体制的创新和观念的更新带来了经济的繁荣。到目前为止,西安高新区

已创办科技开发企业3000多家,培育高新技术产业集团35个,转化科技成果3500多项,年均保持着76%以上的增长速度。12年来,技工贸收入增加130倍,工业总产值增加了147倍。<u>机制创新使高新区成了西部瞩目的人才高地,高新区吸引了五万余名大专以上学历的科技人员,其中博士630人、硕士2800人、海归人员260多人</u>,成为风云际会、群雄并进的西部科技硅谷。

第四部分

受 访 者: 西安高新区现在是西安市民向往的地方,不仅向往在这工作,而且向往在这居住生活。

受 访 者: 西安开发区是一个充满活力的地方,我在这里不但生活舒适,更重要的是工作充满了机会。

画 外 音: 高科技事业的部落必然是高素质人才的家园,高素质人才的家园也必然是高品位的时尚生活区。西安高新区以一座功能完善的新城阐释了这个推论,西安高新区也以此预示着西部并不遥远的天堂。<u>从古老的西安文化到这些童话一般的温馨建筑,让人感受着历史远去的匆匆步履和时代发展的美好前景。</u>

受 访 者: 西安我们这块地方最好,就是这儿。

主 持 人: 这是哪儿?

受 访 者: 这是西部商城,西部商城广场。

受 访 者: 这块地方给我们大家提供了一个良好的锻炼环境。

画 外 音: 新生活的笑容总是那么明媚,这种敞亮、新颖、带着欧陆风格的住宅小区极大地扩大了一座古城的文化内存,而传统与现代在一座城中的同构并存也仿佛在倾听历史与未来的双向叙述。

受 访 者: 这个区域是一个创新的区域,是一个文化含量高、科技含量高、人的素质高、精神文明程度更高的这样一个新城区,所以说它就是我们这个城市的一个新的名片。我们说"古有兵马俑,现有高新区",有很多客人在西安旅游的时候,一要看兵马俑,二要看高新区,它成为我们这个城市的一张现代名片。

画 外 音: 这是一座明媚的新城,是老西安晨钟暮鼓敲出的最切合时代心率的节奏,是老西安沉睡千年苏醒后的最美的晨光,是老西安在新世纪地平线上最新的一抹亮色,是老西安焕发青春后迈出的最轻捷的步伐,更是西安这棵老树枝头新生的早春枝条,高新区的腾飞将向世界展示这棵老树蓬勃的生命力和无限明媚的西安高科技之春。

中国城市名片 ◆商务篇◆

城市链接 CHENGSHI LIANJIE

第七届中国东西部经贸洽谈会即将举行　第七届中国东西部经贸洽谈会暨第二届中国西部国家IT博览会将于2003年4月6日至10日在西安国际展览中心举行,西安将再次发挥它作为东西部精华汇聚的中心作用。

数字西安高新区　目前西安高新区管委会在全面启动数字化园区建设,其中包括园区宽带网络建设、高新区企业上网工程、高新区数据中心平台建设以及园区信息化服务体系建设。这将使西安高新区成为西北地区的金融中心、信息中心和国际商务中心。

生　词

1. 宽带　　（名）　kuāndài　　broad band
   브로드 밴드(broadband)
   ブロードバンド

2. 网络　　（名）　wǎngluò　　network
   네트워크
   回路網、ネットワーク

3. 平台　　（名）　píngtái　　platform
   컨베이어(conveyor)
   (仕事の足場にする)平らな台、(移動昇降できる作業用の)仕事台

词语总表

A

| 安居乐业 | | ān jū lè yè | 5 |

B

把玩	（动）	bǎwán	7
版图	（名）	bǎntú	10
棒子	（名）	bàngzi	4
包容	（动）	bāoróng	10
保税区	（名）	bǎoshuìqū	6
比肩	（动）	bǐjiān	1
彼岸	（名）	bǐ'àn	10
边贸	（名）	biānmào	8
变压器	（名）	biànyāqì	9
标志	（名）	biāozhì	9
表述	（动）	biǎoshù	7
冰糕	（名）	bīnggāo	4
兵家	（名）	bīngjiā	4
波澜	（名）	bōlán	9
泊位	（名）	bówèi	6
博览会	（名）	bólǎnhuì	5
博士后	（名）	bóshìhòu	9
不复	（副）	búfù	4
步履	（名）	bùlǚ	10
部落	（名）	bùluò	10

C

采撷	（动）	cǎixié	1
仓储	（名）	cāngchǔ	6
策源地	（名）	cèyuándì	10
掺假		chān jiǎ	4
缠绵	（形）	chánmián	1
阐释	（动）	chǎnshì	10
常委	（名）	chángwěi	9
敞亮	（形）	chǎngliàng	10
唱针	（名）	chàngzhēn	1
朝圣	（动）	cháoshèng	1
陈腐	（形）	chénfǔ	7
晨钟暮鼓		chén zhōng mù gǔ	10
衬映	（动）	chènyìng	5
承载	（动）	chéngzài	7
诚信	（形）	chéngxìn	3
赤子	（名）	chìzǐ	2
重洋	（名）	chóngyáng	2
抽纱	（动、名）	chōushā	2
雏形	（名）	chúxíng	10

川流不息		chuān liú bù xī	5
创汇	(动)	chuànghuì	2
捶打	(动)	chuídǎ	7
纯正	(形)	chúnzhèng	8
慈善	(形)	císhàn	5
璀璨	(形)	cuǐcàn	3

D

大本营	(名)	dàběnyíng	3
大潮	(名)	dàcháo	9
大噪	(动)	dàzào	7
单据	(名)	dānjù	9
诞生	(动)	dànshēng	5
灯饰	(名)	dēngshì	5
登陆		dēng lù	4
地利	(名)	dìlì	7
地缘	(名)	dìyuán	3
掂	(动)	diān	8
点点滴滴	(名)	diǎndiǎn dīdī	1
电饭煲	(名)	diànfànbāo	9
电气化	(动)	diànqìhuà	1
调动	(动)	diàodòng	4
独领风骚		dú lǐng fēngsāo	9
独树一帜		dú shù yí zhì	7
渡口	(名)	dùkǒu	6

E

鹅卵石	(名)	éluǎnshí	8

F

发酵	(动)	fājiào	4
发祥地	(名)	fāxiángdì	6
发芽		fā yá	3
法宝	(名)	fǎbǎo	3
反悔	(动)	fǎnhuǐ	3
反馈	(动)	fǎnkuì	5
泛黄	(动)	fànhuáng	9
翡翠	(名)	fěicuì	8
丰厚	(形)	fēnghòu	1
风险投资		fēngxiǎn tóuzī	10
风行	(动)	fēngxíng	7
风云际会		fēngyún jìhuì	10
孵化	(动)	fūhuà	10
辐射	(动)	fúshè	6
腹心	(名)	fùxīn	10

G

改良	(动)	gǎiliáng	4
干道	(名)	gàndào	5
甘于	(动)	gānyú	4
港务局	(名)	gǎngwùjú	6
高地	(名)	gāodì	10
高度	(形)	gāodù	2
根深蒂固		gēn shēn dì gù	10
贡品	(名)	gòngpǐn	7
贡献	(名)	gòngxiàn	9

故居	（名）	gùjū	5
故里	（名）	gùlǐ	5
故土	（名）	gùtǔ	2
挂件	（名）	guàjiàn	8
规范化	（动）	guīfànhuà	2
规模化	（动）	guīmóhuà	2
过硬	（形）	guòyìng	9

H

孩提	（名）	háití	4
海疆	（名）	hǎijiāng	6
憨态可掬		hāntài kě jū	2
涵盖	（动）	hángài	5
合璧	（动）	hébì	2
赫然	（形）	hèrán	5
烘托	（动）	hōngtuō	5
花卉	（名）	huāhuì	9
幻化	（动）	huànhuà	1
荒凉	（形）	huāngliáng	3
荟萃	（动）	huìcuì	8

J

机关	（名）	jīguān	9
集聚	（动）	jíjù	3
集装箱	（名）	jízhuāngxiāng	6
迹象	（名）	jìxiàng	1
夹裹	（动）	jiáguǒ	10
俭朴	（形）	jiǎnpǔ	3
检验	（动）	jiǎnyàn	4
鉴别	（动）	jiànbié	8
接轨		jiē guǐ	6
接壤	（动）	jiērǎng	7
接踵	（动）	jiēzhǒng	3
借鉴	（动）	jièjiàn	2
津津乐道		jīnjīn lè dào	7
紧锣密鼓		jǐn luó mì gǔ	3
浸泡	（动）	jìnpào	7
浸染	（动）	jìnrǎn	1
浸润	（动）	jìnrùn	1
京畿	（名）	jīngjī	6
经世	（动）	jīngshì	10
晶莹	（形）	jīngyíng	5
精髓	（名）	jīngsuǐ	1
精湛	（形）	jīngzhàn	1
竞相	（副）	jìngxiāng	1
敬仰	（动）	jìngyǎng	5
久而久之		jiǔ ér jiǔ zhī	8
居然	（副）	jūrán	4
具象	（名）	jùxiàng	9
镌刻	（动）	juānkè	3
眷恋	（动）	juànliàn	5
角色	（名）	juésè	10
竣工	（动）	jùngōng	6

K

| 渴望 | （动） | kěwàng | 9 |
| 口岸 | （名） | kǒu'àn | 6 |

口头禅	（名）	kǒutóuchán	9
宽带	（名）	kuāndài	10

L

喇嘛	（名）	lǎma	4
烙印	（名）	làoyìn	5
乐土	（名）	lètǔ	3
冷藏	（动）	lěngcáng	4
力图	（动）	lìtú	6
历久	（动）	lìjiǔ	7
连城	（形）	liánchéng	7
料理	（名）	liàolǐ	3
琳琅满目		línláng mǎn mù	8
鳞次栉比		lín cì zhì bǐ	5
领袖	（名）	lǐngxiù	6
流逝	（动）	liúshì	5
龙颜	（名）	lóngyán	1
络绎不绝		luòyì bù jué	5

M

玛瑙	（名）	mǎnǎo	8
迈	（动）	mài	1
漫步	（动）	mànbù	4
忙活	（动）	mánghuo	4
忙碌	（形）	mánglù	3
萌生	（动）	méngshēng	1
弥	（副）	mí	7

迷失	（动）	míshī	5
民生	（名）	mínshēng	5
名扬	（动）	míngyáng	3
明媚	（形）	míngmèi	10
茗茶	（名）	míngchá	7
磨灭	（动）	mómiè	5
抹	（量）	mǒ	10
目不暇接		mù bù xiá jiē	5
目眩神迷		mù xuàn shén mí	8
牧人	（名）	mùrén	4
苜蓿	（名）	mùxu	4
募捐	（动）	mùjuān	5
慕名		mù míng	8

N

南来北往		nán lái běi wǎng	3
泥泞	（形）	nínìng	3
年号	（名）	niánhào	1
牛角	（名）	niújiǎo	5

O

欧陆风格		Ōulù fēnggé	10

P

盘根错节		pán gēn cuò jié	10
胚	（名）	pēi	7

配套	（动）	pèitào	3
怦然心动		pēngrán xīn dòng	1
批示	（动）	pīshì	1
毗邻	（动）	pílín	9
拼搏	（动）	pīnbó	2
平台	（名）	píngtái	10
评估	（动）	pínggū	9
评审	（动）	píngshěn	2
迫使	（动）	pòshǐ	2
破解	（动）	pòjiě	9

Q

起眼儿	（形）	qǐyǎnr	1
器材	（名）	qìcái	2
器皿	（名）	qìmǐn	7
千锤百炼		qiān chuí bǎi liàn	7
千钧	（数量）	qiānjūn	5
阡陌	（名）	qiānmò	10
牵引	（动）	qiānyǐn	9
侨胞	（名）	qiáobāo	2
巧夺天工		qiǎo duó tiān gōng	7
切合	（动）	qièhé	10
青黛色	（名）	qīngdàisè	4
青睐	（动）	qīnglài	3
轻捷	（形）	qīngjié	10
倾听	（动）	qīngtīng	10

磬	（名）	qìng	1
趋之若鹜		qū zhī ruò wù	7
渠道	（名）	qúdào	2
取经		qǔ jīng	4
缺陷	（名）	quēxiàn	9
群雄	（名）	qúnxióng	10

R

热带雨林		rèdài yǔlín	8
人和	（名）	rénhé	7
人文	（名）	rénwén	3
日新月异		rì xīn yuè yì	4
融资	（动）	róngzī	10
乳房	（名）	rǔfáng	4

S

塞外	（名）	sàiwài	4
散装	（形）	sǎnzhuāng	4
砂洗	（动）	shāxǐ	5
生根		shēnggēn	3
生生不息		shēngshēng bù xī	1
诗意	（名）	shīyì	1
施政	（动）	shīzhèng	5
时下	（名）	shíxià	8
视察	（动）	shìchá	6
逝世	（动）	shìshì	5
收藏	（动）	shōucáng	7

手链	（名）	shǒuliàn	8
手镯	（名）	shǒuzhuó	8
守望	（动）	shǒuwàng	5
枢纽	（名）	shūniǔ	6
率先	（副）	shuàixiān	6
双向	（形）	shuāngxiàng	10
双赢	（动）	shuāngyíng	3
水晶	（名）	shuǐjīng	5
税收	（名）	shuìshōu	3
瞬间	（名）	shùnjiān	1
饲料	（名）	sìliào	4
素来	（副）	sùlái	9
塑造	（动）	sùzào	9

T

滩涂	（名）	tāntú	6
探亲		tàn qīn	2
淘宝		táo bǎo	8
特种	（形）	tèzhǒng	9
剔透	（形）	tītòu	5
天时	（名）	tiānshí	7
天下	（名）	tiānxià	4
恬淡	（形）	tiándàn	7
迢迢	（形）	tiáotiáo	9
贴牌	（动）	tiēpái	9
通透	（形）	tōngtòu	8
同构	（动）	tónggòu	10
童话	（名）	tónghuà	10
突如其来		tū rú qí lái	9
土生土长		tǔ shēng tǔ zhǎng	9
吞吐量	（名）	tūntǔliàng	6
驮	（动）	tuó	4
拓展	（动）	tuòzhǎn	2

W

玩赏	（动）	wánshǎng	7
王牌	（名）	wángpái	1
网络	（名）	wǎngluò	10
帷幕	（名）	wéimù	9
温馨	（形）	wēnxīn	3
沃野	（名）	wòyě	10
无比	（动）	wúbǐ	5
无悔	（动）	wúhuǐ	9
无暇	（动）	wúxiá	8
无与伦比		wú yǔ lún bǐ	7
物华天宝		wù huá tiān bǎo	7

X

熙熙攘攘		xīxī rǎngrǎng	5
洗牌		xǐ pái	4
先天	（名）	xiāntiān	6
鲜度	（名）	xiāndù	4
显眼	（形）	xiǎnyǎn	5
现状	（名）	xiànzhuàng	4
想必	（副）	xiǎngbì	4

小康	（形）	xiǎokāng	4
小有名气		xiǎo yǒu míngqì	1
效应	（名）	xiàoyìng	3
心率	（名）	xīnlǜ	10
兴隆	（形）	xīnglóng	8
羞涩	（形）	xiūsè	5
寻访	（动）	xúnfǎng	1
迅猛	（形）	xùnměng	9

Y

沿袭	（动）	yánxí	7
研发	（动）	yánfā	2
俨然	（副）	yǎnrán	7
眼界	（名）	yǎnjiè	8
扬眉吐气		yáng méi tǔ qì	2
窑变	（动）	yáobiàn	1
要素	（名）	yàosù	10
业绩	（名）	yèjì	4
液晶	（名）	yèjīng	3
一斑	（名）	yìbān	7
一度	（副）	yídù	1
一贯	（形）	yíguàn	5
依托	（动）	yītuō	2
异曲同工		yì qǔ tóng gōng	9
异乡	（名）	yìxiāng	9
异支	（名）	yìzhī	10
意趣	（名）	yìqù	7
意思	（动）	yìsi	4
应运而生		yìng yùn ér shēng	7
营造	（动）	yíngzào	10
雍容	（形）	yōngróng	5
悠长	（形）	yōucháng	1
悠扬	（形）	yōuyáng	4
由衷	（动）	yóuzhōng	3
油然	（形）	yóurán	1
有朝一日		yǒu zhāo yī rì	1
有生以来		yǒu shēng yǐlái	9
有为	（动）	yǒuwéi	10
釉	（名）	yòu	1
淤泥	（名）	yūní	6
羽绒	（名）	yǔróng	9
源泉	（名）	yuánquán	10
源远流长		yuán yuǎn liú cháng	7
悦耳	（形）	yuè'ěr	1
乐章	（名）	yuèzhāng	1

Z

则	（连）	zé	10
战略	（名）	zhànlüè	6
章回	（名）	zhānghuí	7
招牌	（名）	zhāopái	4
昭示	（动）	zhāoshì	2
折服	（动）	zhéfú	5
真丝	（名）	zhēnsī	2

蒸蒸日上		zhēngzhēng rì shàng	4	撰稿		zhuàn gǎo	9
职能	（名）	zhínéng	3	庄稼	（名）	zhuāngjia	10
中叶	（名）	zhōngyè	4	庄园	（名）	zhuāngyuán	2
钟爱	（动）	zhōng'ài	7	追加	（动）	zhuījiā	3
中意		zhòng yì	8	追逐	（动）	zhuīzhú	1
重金	（名）	zhòngjīn	7	卓越	（形）	zhuóyuè	3
瞩目	（动）	zhǔmù	3	孜孜	（形）	zīzī	1
伫立	（动）	zhùlì	3	资深	（形）	zīshēn	9
注册	（动）	zhùcè	3	总体	（名）	zǒngtǐ	3
转型	（动）	zhuǎnxíng	9	纵横	（形）	zònghéng	10
				祖宗	（名）	zǔzong	2

专 名

A

| 澳门 | Àomén | 9 |
| 澳洲 | Àozhōu | 4 |

B

巴布豆	Bābùdòu	2
芭比娃娃	Bābǐ wáwá	2
北宋	Běi Sòng	1
渤海湾	Bóhǎi Wān	6

C

潮汕	Cháoshàn	2
陈慈黉	Chén Cíhóng	2
陈汉民	Chén Hànmín	9
陈礼	Chén Lǐ	9
陈智	Chén Zhì	9
翠亨	Cuìhēng	5

D

| 东瀛 | Dōngyíng | 3 |

F

| 樊荣强 | Fán Róngqiáng | 9 |
| 佛山 | Fóshān | 9 |

G

古生代	Gǔshēngdài	8
古镇	Gǔzhèn	5
关中平原	Guānzhōng Píngyuán	10
硅谷	Guīgǔ	10

H

海河	Hǎi Hé	6
汉	Hàn	10
何享健	Hé Xiǎngjiàn	9
胡锦涛	Hú Jǐntāo	4
华北平原	Huáběi Píngyuán	6

J

| 金天舒 | Jīn Tiānshū | 3 |

203

| 景俊海 | Jǐng Jùnhǎi | 10 |
| 景颇族 | Jǐngpōzú | 8 |

L

拉萨	Lāsà	5
李伟敏	Lǐ Wěimǐn	3
刘世怡	Liú Shìyí	9
伦教镇	Lúnjiào Zhèn	9

M

马秀伟	Mǎ Xiùwěi	5
勐巴娜西	Měngbānàxī	8
蒙牛	Měngniú	4
蒙语	Měngyǔ	4
米奇妙	Mǐqímiào	2
缅甸	Miǎndiàn	8
莫莉瀑布	Mòlì Pùbù	8

N

| 内蒙古自治区 | Nèiměnggǔ Zìzhìqū | 4 |

Q

| 秦 | Qín | 7 |

R

| 如意昌 | Rúyìchāng | 5 |

S

汕头	Shàntóu	2
松下	Sōngxià	3
宋真宗	Sòng Zhēnzōng	1
苏	Sū	4
孙立新	Sūn Lìxīn	1
孙中山	Sūn Zhōngshān	5
索尼	Suǒní	3

T

| 泰安 | Tài'ān | 4 |
| 唐 | Táng | 7 |

W

王广荣	Wáng Guǎngróng	6
温州	Wēnzhōu	5
文徵明	Wén Zhēngmíng	4

X

西班牙	Xībānyá	5
夏普	Xiàpǔ	3
香山	Xiāng Shān	5
徐兰	Xú Lán	1
徐庆庚	Xú Qìnggēng	1

Y

阳羡	Yángxiàn	4
伊利	Yīlì	4
鼋头渚	Yuántóuzhǔ	3

Z

樟林	Zhānglín	2
赵天爵	Zhào Tiānjué	4
浙	Zhè	4
周恩来	Zhōu Ēnlái	1